读书
文丛
精选

朱学勤

风声·雨声·读书声

三联书店

图书在版编目（CIP）数据

风声·雨声·读书声／朱学勤著. —北京：生活·读书·
新知三联书店，2018.3 （2025.4 重印）
（读书文丛精选）
ISBN 978 - 7 - 108 - 06065 - 5

Ⅰ. ①风⋯　Ⅱ. ①朱⋯　Ⅲ. ①社会科学－文集
Ⅳ. ① C53

中国版本图书馆 CIP 数据核字（2017）第 196714 号

责任编辑　颜　筝
装帧设计　薛　宇
责任校对　张　睿
责任印制　董　欢
出版发行　生活·讀書·新知 三联书店
　　　　　（北京市东城区美术馆东街 22 号 100010）
网　　址　www.sdxjpc.com
经　　销　新华书店
印　　刷　三河市天润建兴印务有限公司
版　　次　2018 年 3 月北京第 1 版
　　　　　2025 年 4 月北京第 3 次印刷
开　　本　880 毫米×1092 毫米　1/32　印张 8.5
字　　数　163 千字
印　　数　08,001 - 14,000 册
定　　价　48.00 元
（印装查询：01064002715；邮购查询：01084010542）

目 录

自 序

问学十年，聚散离合；如鱼饮水，冷暖自知。

在这本小集得以出版之际，我不能忘怀我的三位导师：硕士导师何汝璧、博士导师金重远、博士答辩主持人王元化。在我艰难困厄的时刻，他们接纳了我，保护过我。

同时，我也应该感谢诸多读者朋友。他们多是一些素不相识者。我只能从来信中知道人心未死，还有那么多善良的目光在互相关注、互相叮嘱。

文章历时逾十年。写作时，不曾为今日留有余地，故而随兴所至，分散漫漶，以致今日结集出版，如何想一个集名，反成了一个问题。几番斟酌，还是无奈，只能从少年时代默记于心的那首对联中截出半句——"风声、雨声、读书声"，移作集名，似乎只有这三种声音，能够呼应这十年我内心不断回响着的另一种声音。

我服膺梁漱溟先生所言，知识分子可分为两种人——学术中人与问题中人。我永远敬重前一种人，本身却受性情局限，大概只适宜做后一种人。所谓"问题意识"，我这一代人多发轫于"文革"后期，先觉者觉醒于一九六八年的思潮辩论，后觉者也不会晚于一九七一年的"九一三"事件。那时，我们曾以贫弱的学力、旺盛的体力，在私人场合热烈争辩那些激动人心的问题。我后来选择文科院校以及思想史专业，更多的动力也是来自"问题意识"的驱动，而不仅仅是单一的学术兴趣。以"一九六八"命名的这一代人，后来发生了很大的分化，只有少数人侥幸走进了文科院校。即便如此，后一部分人中愿意兼顾学理与"问题"，同时并进者，也不多了。每念及此，内心不胜苍凉：当年以非知识分子身份，思考正常环境下只有知识分子才能思考的问题，当然是历史的扭曲，但也锤打出这一代人的思想生命；如果在获得了知识分子身份之后，直奔学术前程，放弃了当年的"问题意识"，岂不是买椟还珠，堪称一代人的思想悲剧？

问题不在于"问题"。当年那些"问题"都会发生变化，也应该变化。但是，面对现实，坚持追问，这样的"问题意识"却不应该放弃。我试图拖着"问题意识"在学术环境中行走，既要发展，又要自我批判，走了十年，确很吃力，也吃了一些苦头，但确也有一点收获。收在这本集子里的文章，可以说，是十年磨炼尚未修成正果的涩果：既有坐冷板凳写出的学术论文，也有破门而出的各种议论。论文从潘恩开始，经过卢梭、顾准，还有新儒家，反映了我在学理层面的思索。细心的读者会发现，其间有自我淘洗，淘洗这一代人精神生命的思想线索。至于各种议论，以书评为主，则是另一类文字。如果说学术论文写作时，我必须克制自己，那么后一类文字则较多感情色彩："笑着的"，"叫着的"，还有"哭着的"。如"随风飘去"，文字虽短，包含的苦闷、愤懑却很浓重。那是一种"悲愤中的笑"，只有特殊的氛围，才会产生那样特殊的面容、特殊的文字。"我们需要一场灵魂拷问"，则是"叫着的"文字，当时年轻气也盛，曾痛痛快快地叫了几声。至于"地狱里的思考"，从题名可以想见写作时的心态：既哭悼顾准先生之早逝，亦写出近些年面对虚无主义思潮，我对另一种情怀的怀念。那样的情怀，那样的知识分子，不会有好报，得到的总是"迟到的理解"。然而我深信，他们是生活中的"盐"，永远不会过时。

生于这样的时代，不会有好心情。少年时代默记的那半句对联，成为我人到中年的文章集名，这就是宿命。是喜，是忧，已无从说起，只想问：是否还有同道者，还在世间怀念那副对联？如有之，且让我们再一次拍栏吟诵——

风声、雨声、读书声，声声入耳
家事、国事、天下事，事事关心

——谨以此，敬献我的读者。

朱学勤
一九九三年十二月十日

我们需要一场灵魂拷问

真正的知识分子都是悲剧命运的承担者。胡风如此，胡风为之执幡护灵的鲁迅也是如此。他们要提前预言一个时代的真理，就必须承受时代落差造成的悲剧命运。从这个意义上说，时代需要悲剧，知识分子更需要悲剧。一个时代没有悲剧，才是真正的悲剧；有了悲剧，知识分子们竟如妇孺般哭成一片，又是对悲剧尊严的辱没。

对悲剧尊严的辱没岂止从今日开始？

一九八六年八月一个炎热的夜晚，巴金提笔祭奠自己的亡友——胡风。这个八十多岁的老人颤巍巍地说：

"在那一场'斗争'中，我究竟做过一些什么事情？我记得在上海写过三篇文章，主持过几次批判会。会开过就忘记了，没有人会为它多动脑筋。文章却给保留下来，至少在图书馆和资料室。其实连它们也早被遗忘，只有在我总结过去的时候，它们才像火印似的打在我的心上，好像有一个声音经常在我耳边说：'不许你忘记！'我又想起一九五五年的事。"（巴金：《随想录·无题集》）

一九五五年发生了什么事？一个高级知识分子违背起码的文明生活准则，把另一个知识分子多年来给自己的私信统统抖搂出来，提供给当时世界上发行量最大的几家报纸之一——《人民日报》，制作了所谓胡风反革命集团案的第一批材料。接着，政府查抄胡风私宅，把更多的私人通信公之于众，并且分门别类，加上按语，抛出所谓第二批、第三批材料。然后，越来越多的知识分子一哄而起纷纷"向井口投掷石块"（巴金语），争先恐后地在那家报纸或其他报纸上发表讨伐胡风的文章，咬牙切齿，声声可闻。那两个月里发生的事情都辑录在《人民日报》上。翻一翻这家报纸一九五五年五月至六月的合订本，后代人既为那三批按语无限上纲罗织文网的强横逻辑而震惊，也为当时知识分子同类相残的可耻记录感到羞耻。请看这些文字：

"看了《人民日报》公布的第二批材料后，愤恨的烈火把我的血液烧得滚烫。"

"我看穿了胡风的心；除了受过美蒋特务训练的人，谁会这么想一想呢？"

"胡风，你是九尾狐，你的主子是谁？当胡风向党和党所领导的文艺战线发动了猖狂进攻以后，不久就传来了台湾广播热烈的响应。"

"请依法镇压胡风，而且镇压得必须比解放初期更加严厉。"

"胡风娘家是中美合作所","他们不仅是狼种,而且似乎又当过狐狸的徒弟","要彻底消灭这批狼种"。

"胡风是反革命的灰色蛇,胡风与胡适的区别是一种灰色蛇与白色蛇的区别。"

上述语言的作者,既有刚陨落不久的一代文坛巨擘,也有至今还饱享盛誉的人民剧作家;既有当时曾轰动一时的山药蛋作家,也有直到现在还当之无愧的所谓马克思主义史学权威。当然,也少不了后来被称为反革命文痞的姚文元。然而,在这么些文字中,后来的读者能猜得出哪一句是出自姚文元之口吗?你拣最丑恶的猜,也会猜错。悲剧不在于谁比谁丑恶,而在于后来的迫害者与被迫害者在伤害最早也是最优秀的一个殉道者时,竟使用起同一类语言!

人常说,那三批"按语"是后来一切整人哲学、整人语言的开始,但是忘了补充一句:围绕那三批"按语"发表的那些文章也是后来街头大字报语言的开始。这类文章,尤其是这类文章所使用的思维方式与日后红卫兵的语言、红卫兵的思维方式有什么差别呢?"狼种""狐狸""九尾狐""彻底消灭""严厉镇压",三十年后,红卫兵毫不犹豫地代之以"牛鬼""狗崽""炮轰""砸烂"!早在红卫兵学会糊大字报以前,大字报的语言不就已由他们的前辈准备好了吗?区别在于红卫兵使用这类语言,是由他们的教育决定的,而前一代人开创这类语言，则是由更为可悲的劣根性决定的。红卫兵从学会读报那天起，接受的就是这种语言教育。他们只有这一种语言，没有人教他们第二种语言。灾难过后，他们当然要低头忏悔，但他们至少还可说一句："我们的罪过是无知，而不是虚伪！"一代文化巨擘，还有这个"家"，那个"权威"却不一样了，他们是说着另一种语言长大的。他们中的绝大多数人曾经亲履西土，受过系统的民主教育，起码是文明教育。他们应该知道使用这种语言，远远超出了他们所接受的教育规范。这不是文明人使用的语言，谁使用这种语言，谁首先就剥夺了他自己的内在尊严。当红卫兵忏悔的时候，他们也应该忏悔，甚至更应该忏悔！因为他们当时就应该知道使用这种语言，不是出自野蛮，就是出自虚伪，因而，也就更应该承担良心上的责任。

"狼种""九尾狐""灰蛇""白蛇"——一场真正的理论冲突和政治悲剧就是被这种几乎是村妇相讧的语言辱没了，冲淡了，冲淡成丑剧；然后，再向外蔓延，越出胡风事件的个人范围，在一个更为广阔的足够污染几十年文化氛围的空间内收敛还原，还原为整整一代知识分子的大悲剧。当后一代人重读那三批"按语"和那一批文章时，将难以抑止内心泛起的强烈的厌恶之情。人们甚至会这样说，连"丑恶"都可以分出档次：那三批"按语"虽然强横，却还留有强横者的气势、强横者的文采，尚可称"恶而不丑"；而一批助恶帮闲的文章呢？

则落入更低一个阶次。它们虚假到了极点，也虚弱到了极点，助恶无作恶之"力"，助恶无作恶之"美"，只能称为"丑而不恶"！需要付出多么沉重的心理代价，后代人才能相信这就是我们中国唯一受过民主教育的那个阶层在当时使用的语言？等到这个阶层都已习惯于使用这类语言时，还有什么事情不会发生呢？费希特有言："基督教创始人对他的门徒的嘱咐实际上也完全适用于学者：你们都是最优秀的分子；如果最优秀的分子丧失了自己的力量，那又用什么去感召呢？如果出类拔萃的人都腐化了，那还到哪里去寻找道德善良呢？"（费希特：《论学者的使命》）中国社会的道德大滑坡就是这样开始的。一九五五年反胡风，一九五七年反右，一九六六年"文革"，一场接一场如雪崩般发生。整个社会像被人在山巅上推下的巨石，迅速向下滚动，直到最后滚入教育、文化、伦理乃至文明规范的崩溃深渊。从这类灾难中过来的一些知识分子现在都已学会如何控诉这些不公正的事件了。但从五十年代中叶那次可耻的投降以来，他们哪一天不是在虔诚地等待这一切，召唤这一切，甚至参与制作这一切呢？他们掘土埋葬同类，随之亦挖出了自己的墓穴。五五年卖友求荣者，五七年落网；五七年漏网偷生者，六六年一网打尽：真可谓"天网恢恢，疏而不漏"！

会有人出来说，这是违心的，那是被迫的，请宽恕知识分子们在高压下的不光彩行为。即以胡风为例，他们承受的政治压力再高，也高不过胡风身为囚徒在监狱中的生死压力。一九六六年夏，胡风尚在服刑。官方来人要他揭发周扬问题，威逼兼利诱。人们都知道胡风与周扬宿怨已久，其锒铛入狱的悲惨遭遇与周扬不无关系。此时胡风揭发周扬，无论如何都不为过；此时胡风不揭发周扬，则可能加重刑期，甚至被推向极刑。是报复宿敌，以求获得"正当"的自由？还是顶着压力，甘冒生死之祸，保全一颗知识分子的良心？胡风的态度是：

> 不管报上说得怎么吓死人，我应该有我自己的看法，决不在这里为某个人说一句坏话或一句好话，问题是怎样就说怎么样。今天，周扬虽然被拎出来示众了，但我连拍手称快的心情都没有。像这样来批周扬他们，是言过其实的，难以服人。（梅志:《胡风传》，载文汇月刊一九八七年九月号）

一个囚徒在生死关头做出的回答，将使无数养尊处优者的所谓"违心之论"无地自容。这个囚徒不愧是鲁迅亡灵的护送者。当年那面护灵幡旗——"民族魂"，只有在他这里才重放异彩。在这之后，这个囚徒因为他这种不与恶势力合作的精神吃够了苦头，饱受摧残，最后成了"一个神情木然的病人"（巴金语）。也许他是被剥夺了外在的尊严，但是他的内在尊严将永存。而其他人呢？还是费希特说得好："一个丧魂落魄、没有神经的时代受不了这种感情和感情的这种表现，它以犹豫忐忑、表示羞愧的喊声，把它自己所不能攀登的一切称为狂想，它带着恐惧的心情，使自己的视线避开一幅只能看到自己麻木不仁和卑陋可耻的画面，一切强有力的和高尚的东西对它产生的影响，就像对完全瘫痪的人的任何触动一样，无动于衷。"（《论学者的使命》）

还是回到巴金这里来吧。在那个炎热的夜晚，这位老人接着又说："我翻看过当时的《文艺月报》，又找到编辑部承认错误的那句话。我好像挨了当头一棒！印在白纸上的黑字是永远揩不掉的。子孙后代是我们真正的裁判官。究竟对什么错误我们应该负责，他们知道，他们不会原谅我们。五十年代我常说做一个中国作家是我的骄傲。可是想到那些'斗争'，那些'运动'，我对自己的表演（即使是不得已而为之吧），也感到恶心，感到羞耻。"在一个没有罪感氛围的轻浮国度里，一个享有世界声誉的老人完全可以带着他的隐私或污迹安然离去，不受任何谴责。现在，他突然觉得自己的灵魂中有罪恶，不吐不快，终于说出了这一番富于忏悔意识的语言，这才是中国知识分子人格再造的开始。但也仅仅是开始。不幸的是，忏悔刚一举步，立刻就被一大片溢美之词甚至是阿谀之词包围了。有人说，"这是中国散文的巅峰"，又有人说，"这是中国文学史上的一部奇书"，等等。相比世界历史上其他民族——远如德国，近如俄国——在大灾大难之后，知识分子灵魂拷问的惨烈程度，我们这个民族实在是不可救药。

浅浅地扎一针，都要撒上大把大把的麻药，我不知道，这究竟是一代知识分子的儿童心理症，还是他们确实患上了老年衰弱症？

我们生活在一个有罪恶却无罪感意识，有悲剧却没有悲剧意识的时代。悲剧在不断发生，悲剧意识却被种种无聊的吹捧、浅薄的诉苦或者安慰所冲淡。悲剧不能转化为悲剧意识，再多的悲剧也不能净化民族的灵魂。这才是真正悲剧的悲哀！在这片乐感文化而不是罪感文化的土壤上，只有野草般的"控诉"在疯长，却不见有"忏悔的黑玫瑰"在开放。一个民族只知控诉，不知忏悔，于是就不断上演忆苦思甜的闹剧。从前是目不识丁的底层文盲；现在则轮到知识分子，这个"家"，那个"权威"。他们中的很多人将终生念叨某年某日某人某张大字报中的某句话曾加害于己，却拒绝回忆自己远比红卫兵更早，就使用过红卫兵的手段伤害过远比自己优秀的同类。他们的"控诉"实质上是一种可怜的补偿要求，而不是那种高贵的正义之情。所以，他们从来只控诉别人对自己的不公平，却绝难控诉自己对别人的不公平，尤其是对社会的不负责任。因此，在这个拥挤的国家里，你绝难看到有左拉式的人物左拉式的控诉——为素不相识者的冤屈而控诉，为社会良心的沉默而控诉。那才是真正的控诉。什么时候能听到有我们自己的左拉，在十里长街长啸一声"我控诉！"，什么时候这个国家才真正有拯救的希望。

三十多年过去了。当外界不公正事件持续发生时，这个国家的知识分子的内心世界也在持续发生一种隐蔽的，却更为可怕的裂变。我们对前者已经谈论得够多了，但对后者却谈论得太少，太少。让历史学家去争论外界压力与内心崩溃孰先孰后孰果孰因的关系吧。而在人类真正的良心法庭前，区别真诚作家与冒牌作家的标尺却只有一个，那就是看他是否具有起码的忏悔意识。没有忏悔意识的作家，是没有良心压力的作家，也就是从不知理想人格为何物的作家。从前他们没有理想人格的内在压力，当然就无从抵抗外在压力。一代博学鸿儒无可挽回地跌落进犬儒哲学的怀抱。现在他们没有理想人格的内在压力，当然就迷走于补偿性的外向控诉，却躲避内向忏悔，躲避严酷的灵魂拷问。世界史上的优秀民族在灾难过后，都能从灵魂拷问的深渊中升起一座座文学和哲学巅峰，唯独我们这个民族例外。没有卢梭的《忏悔录》，就没有十八世纪法国浪漫文学的先河；没有托尔斯泰从忏悔走向《复活》，就没有十九世纪俄国批判现实主义文学的巨大成功；没有萨特对沦陷时期巴黎知识分子群的《恶心》，就没有二十世纪西欧存在主义文学与哲学的双向丰收。还记得萨特是怎么说的吗？——

是真正的知识分子，就应对一切未能挽回的事实负责。

让我们的知识分子继续控诉吧，控诉者将注定永远停留在被控诉者的水平。我们还会不断地出"诗人"，出

"作家"，却绝不会出陀思妥耶夫斯基，出罗曼·罗兰，出托尔斯泰！

（本文初次发表于《书林》一九八八年十月号，
　　《解放日报》一九八八年十月二十九日、
　　《文摘报》一九八九年一月八日、
《当代思潮》一九八八年总二十二期转载）

为学不作媚时语

——读王元化《传统与反传统》

　　书名题为《传统与反传统》，收录有作者近年内与台湾学者林毓生辩驳"五四"精神的有关论文及其他笔记、散论等二十二篇。这是一部启人深思的论集。

　　一九八七年作者答记者问，他重申三十年前即为此罹祸的"向着真实"之主张："这样简单的道理本来是不言自明的，可是，我们却需要卜昼卜夜地大声疾呼，来为这样平凡的真理去说明，去申辩"。

　　一九八八年接待电台编辑采访，他又举罗曼·罗兰为例："罗兰在第一次世界大战期间，曾经超越混战，发表了精神独立宣言。后来他在答苏联作家格莱特考夫的信中，又宣称自己是一个个人主义者。可是谁都不会怀疑以个人主义自命的罗曼·罗兰具有最强烈的爱人类、爱真理、爱进步的群体意识和社会责任感。""我实在害怕并反感文坛上那种一窝蜂的风气，我希望我们都能够保持独立见解，'为学不作媚时语'，不媚权势，不媚平庸的多数，也不趋附自己并不赞成的一时潮流"。

　　这种精神，中国人称之为真性情。为了这些真性情，一个人可能会付出代价。在该书附录中，记有这样一件往事：一九五五年，王元化被卷进胡风集团一案时，他与胡风关系不深，只不过当时坚持认为那样处理胡风有失公正，才从"认识不端正""态度不好"升级，被定为该集团"骨干人物"。他当时确有机会解脱，却被他自己断然拒绝，结果被戴上了反革命分子帽子，党籍开除，行政连降六级！

在当代士人以策略代道德者看来，这种选择简直是"拎不清"，不可理喻。而在一派严肃的老学者看来，不可理喻者，不可利喻也。圣贤作书，所谓千言万语万语千言，不就教人一个"义利之辩"？"辞交取予之间，皆有耻之事也。"人生吃紧之处，往往就在这种似可便宜行事的地方。守一步，有耻无愧；退一步，有愧无耻。一步提拎不住，步步失格失节。从此一生，即如朱子所言："顷刻放宽，便随物流转，无复收拾了。"

在这方面，林毓生尽管与王元化有学术之争，但在论述其先师殷海光一生的道德成就时，有一段悼词，椎心泣血，极为恳切，与隔岸学人反而有心心相通之处。那一段话是这样说的：

任何人如要在学术上有重大成就，都必须有一种不顾一切、专心于研究的能力。在今天苦难的中国社会，一个人如能如此专心，必须相当的自私。自私大致可分为两种：一种是损人利己的鄙劣行为；另外一种是对外界也有同情心，并不损人利己，但想到自己的工作和自己做研究的时候，均能暂把外界的苦难忘掉，或对外界的苦难变得漠不关心。如此专心致志，积年累月，也许有重大学术成就的希望。而殷先生看到听到社会上的不平即热血沸腾，他炽热的心，无时无刻不在关心着苦难的中国。他经常处在道德愤怒与纯理追求的两极所造成的"紧张"心情中，在强烈的道德热情呼唤之下，他不可能为学问而学问。以殷先生之天赋为学之诚笃，如能稍减其对社会的关切，在一个学术空气流通的地方，积十年之力，是不难有重大成就的。易言之，他之所以在学术上没有获致原创成就，正是道德成就过高的缘故。

身为社会道德的立法者，一个真正的知识分子又怎么能"稍减其对社会的关切"？有大感触大悲怀者，方能有大襟怀大境界。而中国文化的至高至上境界，本身就不是一个学术境界，而是一个道德境界。儒家曰成圣成贤，道家曰成真人成至性，佛家曰成佛成菩萨，儒、道、释三家不正是在这里相汇交融，打成一片的吗？半个世纪的冷风热血，何曾有一日不需要"卜昼卜夜地大声疾呼"，何曾有一日不需要坚守罗兰式的"精神独立之宣言"？多少人屡挫屡奋、愈挫愈奋，并不是寄望于外在的学术成就，而是凭恃内在的道德资源才走过来的。从消极处说，一代学人命中注定，不得不以较高的道德成就来弥补学术成就；

从积极处说，有耻无愧，有行无憾，不正是一个民族的知识分子理应承担的道德义务，甚或道德牺牲吗？即此而言，天命所系，天职所在，海峡两岸的知识分子，无论在此在彼，那是无所逃于天地之间的呵。

（本文发表于《文汇读书周报》
一九九〇年十二月十五日）

是社会批判，还是政治参与？

——关于张闻天的悲剧与知识分子独立人格的问答录

问：国内思想界正在举行各种会议纪念五四运动七十周年。这两年走向疲软的文化热有可能因此而重新热闹起来。与此同时，一九五九年的庐山会议到今年也是个大祭，正好三十周年。尽管庐山会议是一场政治斗争，但其中也不乏与知识分子人格命运有关的悲剧内容，亟待思想界去开掘。能否请你谈谈这两者之间的联系？

答：庐山会议有两个主要的悲剧人物：一是彭德怀，二是张闻天。如果要把庐山会议和五四运动的有关内容联系起来讨论，那么能够讨论的则是张闻天，而不是彭德怀。目前中国人议论庐山会议，热点在彭不在张，当然可以理解。因为彭的形象特别切合民间流传千年的那个君臣咏叹："飞鸟尽，良弓藏，狡兔死，走狗烹。"然而，如果知识分子也沉浸在这类道德感伤里，不去思索彭大将军道德光环掩蔽下的另一个悲剧人物——张闻天，作为一个参政从政的知识分子何以走向那样悲惨的结局，这就说明我们这个民族的知识分子只注意从纸面上寻找"文化"，而对现实生活中的"文化"反倒缺少应有的敏感了。

若论张闻天在庐山，前半段称得起可敬可佩，后半段则是可叹可悲。七月十四日彭德怀上书时，形势还比较宽松。毛泽东上山之初，本意是反"左"，不是反右，事实上给彭德怀发难提供了一定程度的许可氛围。而到七月二十一日张闻天发言时，毛泽东已改变初衷，从反"左"转向反右，庐山形势已是乱云飞渡，狂澜既倒。张闻天以"我不下地狱，谁下地狱"的英雄气概，拍案而起，以更严密的论点、更倔强的姿态提出了反对意见，把庐山反对派的斗争推向了高潮。此时的张闻天必须具有比彭德怀更为彻底的理论立场，必须付出比彭德怀更为深厚的道义力量，才敢走出如此冒险的一步。在这一点上，他确实实践了中国士人"知其不可而为之"的可贵传统。然而在七月二十三日毛泽东大会发言之后，张闻天在迈入"地狱之门"的最后一刻，低下了他高贵的头颅，还是动摇了。他三次请求收回发言，不准；又请求与毛泽东单独面谈，不允；到八月十六日通过那个声斥他们为"反党集团"的八届八中全会决议时，他终于违心地举起了他的右手。在政治高压下，一个知识分子的尊严被剥夺了，他的人格也随之分裂了。

问：这使人想起"文革"初期全体中央委员包括刘少奇在内都举手通过"十六条"的情形。后来表决通过开除刘少奇出党的决议时，情形也是如此。如果说，一批工农出身的干部有盲从意识，可以理解；那么像张闻天这类深受五四新文化熏陶的知识分子干部，结果也都放弃反抗，放弃了自己的独立人格，这该如何理解呢？

答：实际上，这一代知识分子的人格悲剧不仅党内有，党外也有；而且不仅在中共党内发生，在国民党内也照样发生。你去读读瞿秋白《多余的话》，再去读读陈布雷自杀前的遗言，就可以发现一个令人痛心的现象：从五四运动走出来的那代知识分子，尽管他们主宰了中国半个多世纪的政治生活、社会走向，但他们的个人结局都很不幸。尤其是当初选择参政道路的那批知识精英，结局则更为悲惨。因此，我们是否有必要超越个人的品格修养，甚至超越一般的意识形态，从这代知识分子共同的参与模式上来讨论问题？

我在《书林》今年第三期上发表的《终极关怀——汉民族政治文化的基因缺陷》一文曾想接触这一问题，因篇幅限制，未能说透。我认为：中国近代知识分子富于参与热情，但大多陷入参与即参政的传统模式，未能走上更为健康、更为开阔的社会批判道路，这是他们最终难以摆脱人格悲剧的根本原因。而之所以陷入参政模式，与汉民族政治文化中失落"终极关怀"这一基因缺陷，有着遥远而又切近的内在联系。

所谓"终极关怀"，就是关怀宇宙本原的终极价值，并且认为这一终极不在此岸经验世界，而在彼岸超验世界。无论是希腊人追寻的逻辑理念（logos-idea），还是希伯来人追寻的上帝之光（Light of God），西方士人之"道"都是遥存于彼岸，而不是此岸。士人精神特征的典型表述，就是基督耶稣的那句名言："我之王国不在这一世界。"在"终极关怀"强大牵引下，中世纪不仅形成了政教分离的两元化社会结构，也形成了僧侣贵族（近代知识分子之前身）高于世俗贵族的等级结构：上帝高于恺撒，主教高于国王，修士高于骑士。士人独领彼岸之道拒入此岸之势，一般不会发生"皮之不存，毛将焉附"的苦恼。近代革命之后，以宗教为基础的旧彼岸崩溃了，但是，以市民社会为基础的新彼岸取而代之，继续抗衡此岸政治国家的任意侵入，形成了一个新的两元局面。知识分子的"终极关怀"从宗教领域脱化出来，定位于市民社会，形成了新的彼岸形态：维护市民社会的广阔领地和终极价值，限定并制约政治国家的活动范围及其操作过程。用中国人的话来说，就是与百姓共天下，而不是与君王共天下。尤其到了近代政治学说兴起，洛克、潘恩等人提出的观点为人民广泛接受之后，知识分子的彼岸精神获得更为坚实的社会基础，逐渐形成了与中国士人的传统参政模式迥然有异的近代参与模式：是社会批判，而不是政治参与。

所谓社会批判，而不是政治参与，就是说知识分子以在野之身，监督在朝之政，善则推动之，恶则反抗之，弱则激励之，强则抗衡之。这种参与模式并不排斥在必要范围内某些知识分子个人与政治操作发生横向合作的关系，而是强调知识分子作为一个阶层独立于政治操作之外，不加入政治操作的垂直方向的隶属系列，因而也不接受政治逻辑的强制整合。用苏格拉底的话来说，知识分子阶层并不是一群候补官员，而是一群牛虻，不停顿地叮咬着、刺激着政治国家——这头举止笨重的牲口。（见柏拉图：《申辩篇》）

出现这种参与模式，至少具有两方面的积极意义：

一是就市民社会和政治国家的关系而言。为保证政治国家臣服于市民社会，而不是君临于市民社会，不仅在国家内部需要设置权力制衡，而且还需要在国家外部设置市民社会的自卫机制。知识分子承担的社会批判，就是这种自卫机制的操作表现。只有权力制衡与社会批判内外结合，政治国家的天然倾向——侵犯、吞食、兼并市民社会——才能受到有力制约。

二是就知识分子本身人格建设而言。知识分子将其终极价值定位于社会生活，而非政治国家，这就从根本上避免了被政治逻辑整合的可能。中外历史无数事实证明，知识分子只有不入君臣之势，才能彻底摆脱"君要臣死，臣不得不死"的人格困境，确保其人格独立。

西方近现代知识分子坚持社会批判的范例不胜枚举。从近代的伏尔泰、托尔斯泰到现代的爱因斯坦、萨特，我们可以开出一长列"欧洲良心"的名单，其中最优秀者当属卡尔·马克思。一八四二年马克思转向共产主义，其逻辑起点，就是告别黑格尔哲学中的国家崇拜，划分并且强调市民社会与政治国家的俨然区别。只要读读马克思所写的《黑格尔法哲学批判导言》《德意志意识形态》《法兰西内战》，就可以看到马克思的社会批判是如何自觉，如何强烈。

中国知识分子从来不缺少参与热情，缺少的是这种社会批判意识。从子见南子到康梁辅政，几千年士人前仆后继，都没有走出参与即参政这一古老的模式。孔夫子"敬鬼神而远之"，一句话拒绝了一个彼岸世界。到汉代罢黜百家独尊儒术形成定局，中国士人失落了终极关怀和彼岸追求，也就失落了一个精神制高点和阿基米德支点——前者用以俯瞰此岸全景，后者用以撬动此岸权势。尽管中国文化因此而有幸避免了一场宗教化，保持了两千年世俗面貌，却因此付出了可能是更为不幸的代价——整个知识分子阶层缺少僧侣精神即彼岸精神，整个民族丧失了建立社会批判系统的文化资源。在这样一个形而下而不是形而上的符号系统内，知识分子无从提出也无法提出彼岸与此岸的对立，因而也无从提出社会批判问题。填补"终极关怀"的理想追求只能是"内圣外王"。"内圣"者，外王之准备；"外王"者，内圣之实现。人生价值与政治权势如此贴近，就不可能产生对此岸权势的超越性格，而只能发生对此岸权势的依附行为，至多在依附之前有一番选择而已。所谓"弘道"必须"择势"，"择势"方能"弘道"，只不过是一种文雅的说法，民间那句俗不可耐而又历久不衰的口头禅"识时务者方为俊杰"，则以一种更粗鲁因而也更直接的语言说破了士人之"道"与政权之"势"两者间"毛""皮"依附关系：某"毛"一日不依附于某"皮"，某"毛"则一日不得安宁。因此，知识分子尽管心存"弘道之志"，却必须"择势而行"——把"道"演化为各种政治符号，把人扭曲为"王师""宰辅"和"幕僚"。可是，道高一尺，魔高一丈。"势"对"道"的整合能力远远大于"道"对"势"的整合能力。"道"一入"势"，尚未治"势"，先被"势"治，人也由"师"而"吏"，异化为官场中人了。你看中国汉字"仕"，表面上是由一个"人"字加一个"士"字组成，似乎为士入仕，方能取得一个出身，即现代语称呼的人格，实际上恰恰相反：一入太庙，即为太牢，士一入仕，首先打掉的就是自己的人格！中国士人几千年参政史，出现那么多的庸儒、俗儒、贱儒、鄙儒，从文化基因上寻根，不就是从这里发生的吗？一个"仕"字，道尽了士人参政的所有愁苦辛酸，悲喜丑剧！

问：你的意思是说，西方之"道"从彼岸外部切入，不入此岸之势，操作功能独立，演化为社会批判，其承载者的人格也随之独立。而中国士人之"道"，局限于此岸内部，一开始就依附于此岸之势，无法脱化出来，衍变为一个超然其上，至少是超然其外的社会批判系统，中国社会因此而强化了政教合一的政治大一统格局，市民社会受政治国家的压迫，知识分子也丧失了这一阶层的独立人格？

答：可以这么说。故而在中国古代，有孔夫子在先："三日无君，则惶惶然"，就难以出现一个基督在后，放胆倡言："我之王国不在这一世界"，对此岸权势来一个大拒绝。

问：但到了近代，尤其是清末民初，君权既倒，沧海横流，社会出现多元态势，自由职业开始出现，中国士人自春秋战国之后，第一次出现游离此岸权势，建立社会批判的机会。这一机会又是如何流失的呢？

答：这就回到开头所提的问题了。让我们从新文化运动和五四运动的断裂谈起。

一九一九年以前的新文化运动，我称为"前五四"时期，它与"后五四"时期政治救亡运动截然不同。区别在于：前者是文化运动，定位于市民社会，导向价值文化，后者是政治运动，定位于政治国家的整合，导向政治文化。与此相对应的是，前者推动知识分子创立社会批判的参与模式，后者诱迫知识分子重回政治参与的模式。本世纪知识分子所有的参与悲剧在很大程度上是与这两个"五四"、两种参与的断裂有关。可惜，学术界目前纪念"五四"的活动对此尚未引起足够的注意。

胡适有一段话很能说明新文化运动，也就是"前五四"运动追求的终极价值：

据我个人的观察，新思潮的根本意义只是一种新态度。这种态度叫作"评判"的态度，尼采说现今时代是一个"重新估定一切价值"的时代，"重新估定一切价值"这八个字便是评判态度的最好解释。

真实的为我，便是最有益的为人。把自己铸造成了自由独立的人格，你自然会不知足，不满意于现状，敢说老实话，敢攻击社会的腐败情形，方才可以希望有益于社会。

现在有人对你们说："牺牲个人的自由，去求国家的自由！"我对你们说："争你们个人的自由，便是为国家争自由！争你们自己的人格，便是为国家争人格！自由平等的国家不是一群奴才建造得起来的！"（《胡适文存》第四集第612—613页）

当时，正是在这种个人与上帝直接对话，而不是个人集合成整体胁从政治需要的精神氛围中，社会问题、人生关怀空前活跃，打破了清末以来救亡文化的政治局限，出现了中国历史上第一次社会大还俗的健康趋向。读读当时的报纸杂志，扑面而来的都是社会人生关怀问题。人们更多讨论的是失恋、失贞、个性苦闷、妇女孩子、文言之腐朽、白话之神奇，讨论一切非政治非意识形态化的问题，而不是政界风云：倒阁组阁，入党出党，等等。尼采说："在文化意义上一切伟大的事物都是非政治的，甚至是反政治的。"（《偶像的黄昏》）这一标准完全适用于这个"前五四"时期，唯独不适用"后五四"时期。

所谓新文化运动，新在哪里？新在它张扬价值文化，抑制政治文化，新在它以市民社会涵盖政治国家，而不是以政治国家淹没市民社会。以此为依托，近代知识分子的参与热情才从传统的参政模式中解脱出来，摸索出另一种崭新的参与模式：社会批判。当时的知识分子或者组织社会自救,如梁漱溟后来的乡村建设运动,或者从事文化批判,如鲁迅终其一生的杂文事业。更多的人则摸索教育救国、实业救国等种种非政治化的道路。这些人从未间断过学术生活,但书斋之门常向社会敞开,唯独对官场紧闭;他们的参与热情绝不低于历代士人,但他们参与的是社会事件,唯独不参与政治的操作过程。正因为他们与此岸权势拉开了足够的外部距离,他们才获得了足够的心理空间,任独立人格舒卷自如,不碍不沾;正因为有了这群"牛虻",中华民族几千年来亟须建立又迟迟不能建立的社会批判系统才开始启动,政府操作行为才第一次在外部遇到了有力制约,近代中国也第一次出现了某种两岸现象:国家此岸,社会彼岸;两岸之间出现健康张力,在两岸张力的牵引下,政治国家和市民社会双方都有可能走上多元发展的常规道路。

遗憾的是,新文化运动并未走多远,就被政治救亡的急风暴雨打断了。巴黎和会狂飙突起,十月革命赤旗东来,民族危机的急迫和政治革命的呼唤交相激荡,政治全能主义迅速复苏膨胀。这股政治全能主义思潮裹挟着社会各种力量,浩浩荡荡,汇成不可阻挡之洪流,压倒了刚刚兴起的价值重估、社会自救和文化批判。从此,"后五四"压倒了"前五四",整体救亡压倒了个体解放,政治文化压倒了价值文化,政治操作压倒了社会批判。彼岸既溃,此岸力量如黄水决口,一泻千里,胡适开列的上述公式实际上已经被改写成下列模样:

争国家的自由，便是争个人的自由！争国家的人格，便是为你们自己争人格！自由平等的国家必须靠你们放弃自由追求才建造得起来！

在政治全能主义的压迫下，除了鲁迅、梁漱溟等人在沿海租界苦苦撑持几个社会批判的孤立据点，绝大多数知识分子都重新折回以道择势、择势弘道的老路。尤其是在第一次国内战争之后，此岸只剩下红、白两势，知识分子必须在红、白两势之间做出非此即彼的选择时，出路更加逼窄了。用毛泽东的话来说，不是"延安"，就是"西安"，第三种选择几乎是不存在的。于是，就发生下列使人痛惜的现象：

"西安"当然是腐败的。在那里，必然出现陈布雷的悲剧。陈布雷自杀之前，理性已经清醒，内心痛苦不堪。他说："我自脱离报界以来，即不能舒畅自如地用我的笔表达我所欲之言，躯壳和灵魂，已渐为它人一体。搞了大半辈子政治，从政而又不懂政治，投在蒋先生手下，以至无法自拔，于今悔之晚矣。"（参见王泰栋：《陈布雷外史》，台湾传记文学出版社）

"延安"是清明的。但是俄国式的政治一体化要求对知识分子，特别对那些深受"五四"文化熏陶始终不能放弃人生关怀、理性思维的知识分子而言，更是"形格势禁"（瞿秋白：《多余的话》）。于是，三十年代发生瞿秋白的悲剧，四十年代发生王实味的悲剧，五十年代则有了张闻天的悲剧……

问：这么说来，开头所论的张闻天为何在庐山会议上以英雄发难始，以屈膝罪己终，只有放到这一宽广的历史背景中去认识，才能窥破其深厚的历史底蕴？

答：我认为是这样。"后五四"文化被意识形态整合，要拒绝在政治机器的终端作一非此即彼的选择，犹如想跳出地心引力一般艰难。然而，跳出者确有人在，那就是鲁迅和梁漱溟这两个特立独行者。他们是"前五四"时期的绝世遗民，至死都没有放弃社会批判的立场。鲁迅诗云："两间余一卒，荷戟独彷徨。"正是他们坚持社会批判的真切写照。可惜，鲁迅去世过早，只留下梁漱溟一人。一九四九年以前他始终拒绝国统区的权势诱惑，一九四九年以后仍然拒绝了毛泽东邀其入阁的要求。尽管他拥护毛泽东和共产党人，但是他清醒地认识到，"把我放在政府外边，监督政府，反而比我进入政府更为有利"（见《梁漱溟问答录》第119页）。一九五〇年在天安门城楼上出席国庆观礼，梁漱溟目睹郭沫若率党外人士向毛泽东赠送锦旗，上写"我们永远跟着您走"，内心极为感慨。

问：他大概预见到那类锦旗下将发生什么悲剧了？

答：一九四九年以后，一大批当年与鲁迅齐名的作家为何都写不出像样的作品？茅盾为何搁笔？巴金为何忏悔？原因之一，就是他们都放弃了当年社会批判的立场，以不同身份加入了政治参与的模式，创作源泉也必然走向枯竭。黄永玉写信给曹禺说："我不喜欢你解放后的戏，一个也不喜欢。你从一个海洋，萎缩为一条小溪，你失去了伟大的通灵宝玉，你为势位所误！"

曹禺接信，想起了王佐断臂的故事，慨然长叹：

"明白了，人也残废了，大好的光阴也浪费了。这也是悲剧，很不是滋味的悲剧。我们付出的代价太多太大了。让人明白，是很难很难的啊！"（见《读书》杂志一九八八年第十二期第73页）

岁走甲子，世走轮回，六十年换了人间。一九七九年以后，中国社会开始了第二次还俗浪潮。人们普遍呼唤"小政府，大社会"，迫使政治全能主义再度低头，吐出了市民社会得以正常发展的广阔空间，知识分子开始寻找六十年前那个失落的价值世界。文化热、知识分子问题热，还有一年一度的"五四"热，逐渐出现社会批判的回归意向。但是，当改革进程遇到阻碍，社会还俗出现某些不可避免的波折时，一些善良的知识分子救世心切，很可能会中断刚刚开始的社会批判，重又折回政治参与的传统模式，要求权威再造，政治整合。果真如此，不仅十年改革的世俗化进程会中途而废，六十年前新文化运动和五四政治运动的断裂就会再度重演。到那时就不单纯是知识分子的灾难，而是全社会的灾难了。

问：张闻天死了，"五四"过来之人，倘有存者，业已垂垂老矣。他们这一代人走过的悲剧人生，实在值得我们当代青年知识分子沉思。

答：我在最近一段时期，遇有机会总讲两个"五四"

之间的断裂，常说两种参与模式的区别。我不反对参与，而是反对参与即参政的传统公式以现代语言重演。在这种时候，我们重温两千五百年前苏格拉底临刑前给柏拉图等人的诀别赠言，也许不是多余："要想为正义而斗争的人，如果他想活着，也必须有一个私人的身份而不要公共的岗位。只有'不在其位'，才能更自由地'谋其政'。"（柏拉图：《申辩篇》）

我希望，在一部分知识分子不得不选择政治参与的同时，更大多数的知识分子能够走上社会批判的道路。尽管后者更为艰险，几乎每走一步都要做出"我不下地狱，谁下地狱"的思想准备，但是，这毕竟是我们这个多灾多难的民族急需开辟的道路，也是我们这群历经屈辱磨难的知识分子应该走上的道路。

（本文发表于《书林》一九八九年第五期）

终极关怀——汉民族政治文化的基因缺陷

　　汉民族政治文化发展到今天，不说是沉疴难起，亦可说积贫积弱，步履蹒跚。在这一文化的"孩提时代"，即基因形成时代，是否已潜伏下某种病根，致使今日积重难返？俗人有言：三岁看老；哲人亦曰："有营养不良的小孩，也有早熟的小孩，也有发育不健全的小孩。在古代氏族中属于此类范畴者甚多，唯希腊人为发育正常的小孩。"我的观点是：一个民族的政治文化，其核心是这个民族的政治哲学，政治哲学如有缺陷，将泛化为整个政治文化的缺陷。汉民族先秦时代，是政治哲学，也是政治文化基因的形成时代。与古希腊相比，汉民族在先秦阶段没有出现哲学意义上的"本体论"，即终极关怀是政治哲学的根本性缺陷。在失落这一基因环节后，整个政治文化后继乏力，才不可避免地出现了马克思所谓"营养不良""早熟"或"发育不健全"的诸般病态。

一

　　希腊第一个哲学家泰勒士在公元前六世纪即提出并

试图回答宇宙本原问题。从泰勒士主张万物皆出于水，到普罗泰戈拉提出人是万物的尺度，是希腊哲学史的第一个一百年，也是最重要的一百年。这一百年里，希腊哲学经过泰勒士、毕达哥拉斯、赫拉克利特、德谟克利特等相互驳难与创造，建构成堪称西方文化链的第一环节：终极关怀。从此，终极关怀紧紧纠缠着西方思想，终古不释。泰勒士之后，没有一个哲人不是带着终极关怀上场，也没有一个哲人不是带着终极遗恨离开思想舞台。宇宙本原是一个永恒的问题，永恒的问题永远不会有结果。在这一问题上穷追不舍，胜者不胜，负者不负。然而，这个无胜无负的问题却使西方思想孕育出一种极其可贵的超越风范与理想热忱，与此岸现实拉开了距离。其政治哲学在终极关怀下滋润发育，发育之初即获得了一种"彼岸意识"：人间至尊至贵皆退入此岸全景，化为第二性或第三性的派生之物，纡尊降贵，任学者从彼岸观照，评论指点。政治哲学的开山巨著《理想国》就是在此背景下，展开它的恢宏画卷。《理想国》完全可以当作《理念国》来念，是柏拉图站在彼岸向此岸发难，用彼岸理念构筑成一个理想世界，用以超越并改造人间此岸。柏拉图以此奠定了自己在西方政治哲学史上的开山祖地位，也以此规范了西方政治哲学两千多年的基本流向。后世耶稣基督的救世意识，奥古斯丁的忏悔深度，康德在现象界之外再划出一个本体界的理论幅度，都可以看成是从泰勒士—柏拉图那儿发源过来的关怀彼岸终极的传统，在不同时代条件下的弘扬光大。即使是在"上帝死了"之后的现代，终极关怀这一文化基因也还在滋养着西方知识界的良心意识。从托尔斯泰这位跨世纪的巨人开始，爱因斯坦、罗曼·罗兰、左拉、萨特等等，我们可以开出一长列堪称西方社会良心的优秀知识分子名单。从古及今，西方终极关怀不止，社会批判不息。终极关怀这一强大基因，一直活跃在西方思想生活与政治生活里，与其他因素一起有力地推动着政治文化的民主进程，源远流长，不可中断。

中国第一个私家学派——儒学的创始人孔子，在文化发生学的意义上，具有与泰勒士同等的历史地位，但是他提出的问题却相当于普罗泰戈拉，跳过了那极其重要的一百年，即孕育终极关怀的一百年。孔子论学，一开始就越过宇宙本原，进入经验世界，直接讨论君臣之道，人伦关系。《论语》记载："子不语怪，力，乱，神"；"问知。子曰：'务民之义，敬鬼神而远之，可谓知矣'"；又说"未能事人，焉能事鬼？未知生，焉知死？"；等等。寥寥数语，即推开了一个彼岸世界，又圈定了一个此岸世界。翻遍《论语》四百九十二章，一万二千七百字，没有一个命题涉及宇宙本原及其终极关怀。孔子思想活动五十年，在宇宙观方面几无建树。所有宇宙观的重要范畴：有无、道器、理气、天地、心物、动静、虚实、坚白、一多等等，在孔子思想中几乎全然没有出现。如偶尔论及自然现象，亦多为"取辨之物"，即从中导出政治性、道德性和某些结论的形象譬喻。如："为政以德，譬如北辰，居其所面众星拱之。""人而无信，不知其可也，大车无輗，小车无軏，其何以行之哉？"（《为政》）这样的"取辨之物"，与其说具有哲学意义，不如说只有文学和教育学价值。无怪乎黑格尔说孔子，"只不过是个平庸的世间智者，在他那里没有一点思辨哲学"（《哲学史讲演录》第一卷第119页）。

与孔子大约同时，唯一有力量能与儒学相抗衡的是另一显学——墨家学派。墨子是否对宇宙本原有终极关怀呢？他的"言必有三表"皆不出此岸世界，与思辨哲学无缘。墨子当然有很多精彩思想，远远超过孔子，但对本体论的回答却落入与孔子同一窠臼，以先王之事为本。儒、墨两家势不两立，但思维极限，都以先王祖宗为限。在这样的视野中，无法出现一个彼岸世界，因而也谈不上什么终极关怀。

先秦诸子中依稀有些彼岸意识的是老庄学派。这一派人"夸父追日"，颇有些超然风范。他们提出过"法自然"思想，类似西方的自然法。然而，这一派人流于隐居不仕，当时放弃了百家争鸣的参赛权，此后又无西塞罗这样的政治家将其思想转接于政治实践（注：汉代虽有内儒外法，兼用黄老，用的是黄老南面之术，灵魂已被阉割，与西塞罗转接自然法于罗马政治不可同日而语），失去了对汉民族政治哲学的指导地位。老庄后来不绝如缕，一是作为民间道教发展，性命双修，成为极端自私的养身之道，与社会政治脱离了联系，二是作为知识分子入仕出仕的精神调剂，聊供不平之鸣，即所谓儒道互补，对社会政治也不发生积极影响。老庄哲学具有深厚的理论潜力，本来孕育在自然法中的近代民主观念如人民主权、社会契约、万民平等，在这一派哲学中都可发育，可惜自生自灭，不登正宗，造成了汉民族政治文化史上一次可悲可痛的思想流产。

要而言之，儒、墨、老三家是站在中国政治文化入口处的思想始祖（法家仅为刑名之学，没有文化发生学意义，难以在此相提并论），套用黑格尔论亚里士多德的定语来说，他们是汉民族"思维教养的主要负荷者"。他们的思维模式在很大程度上将决定整个民族的思维定式。然而这三家或者视野偏窄，或者自甘流失，都不能建构汉民族政治文化最根本的基因环节：终极关怀。尽管先秦诸子出现过百家争鸣的热闹局面，终无一家为彼岸世界而争，亦无一家为终极关怀而鸣。后来儒登庙堂，墨流民间，老庄隐于江湖；再加上其他后起学派的交会掺和，终于形成了所谓"实用理性"（李泽厚语，见《试谈中国式的智慧》一文），即整个民族先验不足经验有余，只重此岸不重彼岸的思维定式。先秦以后，虽有两汉之"宇宙论"，魏晋之"玄学"，模模糊糊地探索彼岸终极，终属亡羊之后，难改先天不足之颓势了。

二

对这种实用理性该如何评价呢？学术界通行的看法是

积极的、肯定的。他们认为汉民族尽管失落了终极关怀，但实用理性毕竟堵塞了宗教迷狂，从此走上了清平、和谐的思想道路，如李泽厚、吴于廑等皆持此论。对此，我的评价则不那么乐观。实用理性不能弥补终极关怀，它至少产生了下列三大弊端，妨碍了汉民族政治文化的健康发展。

首先从宗教而论，实用理性并不能满足民间客观存在的宗教饥渴，反而激起以廉价取代填补宗教饥渴的种种祸害。

宗教饥渴，在任何一个文化空间都是天然存在。本土哲学能够满足，则形成本土宗教；本土哲学不能满足，则寻找廉价取代。西方走的是前一条道路，中国走的是后一条道路。

古希腊哲学中的终极关怀与希伯来宗教精神有天然吻合之处。整个教父哲学"都是一个淀泊在柏拉图二元论港湾的心理学"（墨菲、柯瓦奇：《近代心理学历史导引》上册第31页，商务印书馆一九八二年版）。古希腊城邦制度被罗马灭亡之后，其哲学遗产没有流失。它与希伯来宗教倾向结合，在罗马民间稀释俗化，终于孕育出基督教的大一统理论，满足了地中海沿岸广大区域内的宗教要求，也就是民间对哲学的普及要求。古希腊哲学在母体丧失之后尚能死而复生，关键在于它本身具有先验性质，即彼岸内容，能够顺利完成向宗教的转化。终极关怀的哲学形式消亡后，终极关怀的宗教形式却再生了，而在宗教形式下，终极关怀获得了更为广阔的流播面。哲学向宗教转化，宗教也接受哲学遗产。基督教形成后，上接古希腊哲学，下启中世纪宗教文化，帮助欧洲社会顺利度过由希腊到罗马的时代巨变。在这之后，西方社会的时代内容在不断转换，而西方社会的文化传统——基督教却始终没有中断。尽管宗教文化时而引起宗教迷狂，但它毕竟还有另一种社会职能：抚平社会痉挛，宣泄激情骚乱。这一社会职能比它的负面刺激影响更为广泛，作用更为持久。它无形中消弭的民间骚动肯定多于它所激起的宗教迷狂。有基督教贯注于上下几个时代，整个社会能够避免，至少减缓了因时代转换而产生的政治与文化危机。西方政治文化之所以能实现光滑过渡平稳发展，显然是与它的宗教保障分不开的。

如前所述，儒教国学拒绝终极关怀，也就拒绝了向宗教过渡的中介环节。它尽管升格为国教，却始终不能演化为宗教，不能提供民间渴求的统摄天地、生死、人鬼、灵肉的一揽子符号系统。从文化角度而言，它是个小文化系统，而不是如一般宗教那样的大文化系统。它或许能满足士大夫阶层的精神需要，却不能填补民间的宗教饥渴。中国历史上尽管有儒家文化的独尊地位，却禁不住社会上屡屡有"妖言四起，民众跣足呼号，奔走于途"的骚动，其秘密也许就在这里。

官方儒学越盛，民间宗教饥渴越深。"子不语怪，力，乱，神"，"怪，力，乱，神"却是民众客观需要。它们得不到宗教满足，则走向比宗教更低一级的迷信活动：

私造图符谶语，寻找廉价取代。中国虽然没有严格意义的宗教，但准宗教形式的社会动乱又何尝少见？从夜篝狐鸣，"大楚兴，陈胜王"开始，历代农民起义，都少不了用图符谶语号召贫苦百姓。这种图符谶语屡有灵验，当然有它短暂的实用效果，但也从另一个侧面说明了汉民族的宗教饥渴，以及这一民族习惯于廉价取代而不习惯于终极关怀（哪怕是宗教式的终极关怀）的思维定式。廉价取代造成廉价思维。在这一思维定式下，不仅本土难以产生宗教，外域传入的严肃宗教也难以避免被廉价改造的命运。历史上凡是能够传进中国并站住脚跟的宗教，一定是能够被改造被廉价处理的宗教，如佛教之为禅宗。与所有正规宗教一样，佛家本有"真谛"与"俗谛"的两岸划分。可是"天道远，人道迩"，"真谛"遥在彼岸毕竟不合汉民族思维习惯。于是便有禅宗出，非把那个彼岸"真谛"拉回人间不可。普愿和尚说，"平常心是道"，"砍柴担水无非妙道"，轻飘飘几句话，把彼岸真谛与此岸俗谛打成了一片。普及是普及了，理想与现实两岸之间的必要张力却消失了。

桔逾淮则枳。不仅佛教如此，到了近代，甚至连马克思主义这样严肃的哲学如不被图符简化，亦难以流传，难以普及。马克思主义传进中国，仅百年时间就掌握了亿万人的实践，这在东西文化交流史上是个奇迹，它的普及速度是惊人的。然而，它被本土意识改造、被图符简化的程度不也是同样惊人？毛泽东思想是与中国国情相结合的马克思主义，本身已融入大量的本土意识。即使如此，它也难以避免被廉价取代的命运。本世纪六十年代，是它普及群众掌握群众的黄金时代，但也是它被图符简化最严重的时代。毛泽东本人未必会满意于他的思想被廉价取代为顾阿桃式的象形图符。他一再说要降温，却无法扭转当时那股图符狂热。图符所到之处，"六亿神州尽舜尧"。儒家念兹在兹的此岸理想眼见得就可以实现："人皆可为尧舜"（孟子），"途之人可以为禹"（荀子），真可谓"一人得道，鸡犬升天"。但是鸡犬升天之后，立刻就把那一人所得之道从天上拉到了地下。毛泽东思想语录化，标签化，"文革"十年变成了一系列漫画长廊。就此而言，林彪提炼出来的"活学活用毛泽东思想"的那么几条所谓实用原则，之所以能大行于天下，不仅仅是他个人的罪孽，也有着广泛深厚的民族文化的背景。现代实用原则与古代实用理性有着遥远而又切近的联系。"文化大革命"之所以发展成造神运动，除了已经论及的社会根源、政治根源之外，还有一层潜伏更深的文化根源。那就是沉淀在汉民族政治文化深层结构内的宗教饥渴。这一宗教饥渴有两千年历史，决不会随"文化大革命"结束而结束。一九八八年上半年，报载东北、湖南等地为消弭龙年天灾而流行的种种现代图符，不仅裹卷乡村，还蔓延至当地政府部门、党政官员。李泽厚先生曾预言汉民族的实用理性或许能避免类似美国"人民圣殿"事件那样的宗教狂暴，却经不起上述事件的检验。这些事件的严重意义并不亚于"人民圣殿"。它们足可称为思想史事件，记入中国思想史和政治文化史，以提醒人们认真思考实用理性、宗教饥渴、廉价取代这三个环节之间的联系，及其对现实政治文化的潜在冲击。我们应该正视现实：在一个没有神灵的所谓理性国度，百姓们栖栖遑遑，到处觅神造神，这种宗教饥渴比正规宗教还要可怕。它取经、篡经，再改经，不知还要扭曲甚至吞噬多少严肃的哲学思想！

实用理性的第二大弊端是通过"天地君亲师"五者合一，促成汉民族政治文化的专制特色——政教合一。

西方政治文化由柏拉图而耶稣基督，由教俗相争而政教分离，教权超越政权，终极关怀也就超越了，至少是分散了对俗界政权的愚忠意识。这种政治文化浸透宗教汁液，却有利于意识形态中立，社会向两元化乃至多元化发展。正因为有这一政教分离的深厚传统，中世纪漫漫千年，始终不能形成政教合一的绝对专制，近代民主才能比较顺利地从中世纪母胎中分娩而出，现代社会才能出现异端包容、多元并举的局面。

中国封建社会的政治文化，一方面是下层群众的宗教饥渴，另一方面则是儒学国教疏而不漏的天网式思想控制。两者不能融合，却交相激荡。儒教越不能完成社会职能，越不放心民间思想，就越抓紧意识形态，不遗余力地铲除各种思想异端。秦汉以后，以吏为师，统治者既掌政权，又掌教化，一手刑刀，一手教鞭，形成了政教合一的野蛮状态，"天地君亲师"的牌位遍插民间，直到本世纪初还未最终改变。所谓"天地君亲师"者，前两位虚设，后三位才是紧紧联系在一起的实体。君者，亲也，师也，教父也。这张"恢恢天网"，窒息了几乎所有的思想生机，造成了中国封建社会的千年停滞。中国没有政教分离的文化渊源，只有这种政教合一的历史传统，对近现代社会民主化、多元化的进程形成了巨大的障碍。一元化的统治造成一元化的文化、一元化的思维，世俗的理性社会反不如西方的宗教社会容得下思想异端。戊戌变法夭折，辛亥革命失败，多少仁人志士设计的多党执政、议会至上的方案沉没于血泊之中，在很大程度上就是死于这种政教合一的民族心理习惯。由于几千年偏执于意识形态必须与统治权力合一，所谓"得人心者得天下，失人心者失天下"，到了"五四"时代，反激起知识分子们另一种偏执心理：欲改造中国，必先改造人心，也就是林毓生先生所说的"思想文化改造先行"的思维模式。这种"五四"精神，当然有它的反封建历史作用，但从另一方面看，则是以一种特殊形式延接了中国政治文化中政教合一的病态传统。其表层是断裂的，其内里却是相通的。从某种意义上说，可能更加重了中国近代社会向现代化过渡的困难。毛泽东青年时代从"五四"精神中接受的就是这类思维模式。执政以后，他偏重思想文化改造的倾向十分突出。及至晚年发动"文化大革命"，不能说他没有彻底改造中国封建传统的真诚动机，但由于他从根本上未跳出政教合一的历史传统，执迷于"思想文化改造先行"的思维模式，经过"突出政治""端正思想路线"等一系列中介转换,把这一思维模式推向极端,最终竟倒错为以政治先行改造思想文化的荒谬模式,在现代条件下以更剧烈的程度重演了一场"政教合一"!毛泽东晚年力图跳出传统,却更深地陷入传统,这一思想悲剧不仅仅是他个人的悲剧,而是从"五四"过来的那整整一代人的思想悲剧。它比任何事实都足以说明:凝结着世俗化实用理性的政教合一传统是多么的深沉强大,难以逾越。

政教分离,还是政教合一,是衡量一个民族政治文化健康程度的基本标志。除此以外,还有一个标志,那就是考察它的政体理论发达与否。在这方面,从儒学国教发源的实用理性则给汉民族政治文化造成了第三个难以弥补的历史缺陷。

古希腊政治哲学刚一起步,政体研究即同时发轫。柏拉图《理想国》开山第一斧,就是砍出一个系统的政体理论,他当时划分人类政体为六大类:君主制、贵族制、共和制、僭主制、寡头制和民主制,历经二千五百年的变迁,至今尚不能磨灭它的理论生命。柏拉图之后,亚里士多德对政体的研究更为仔细。薄薄一本《雅典政制》,就出现有一百五十八个城邦制度。对众多政体比较研究的结果,他形成了自己的政体主张:集中柏拉图六类政体中各自合理因素的混合政体为最佳政体。这一混合政体说后来成了洛克、孟德斯鸠等人提出分权学说的最早出发点。近代民主政体的基本框架就是上述政体研究的逻辑结果。遍读西方政治哲学，几乎没有一个思想家不研究政体，不对这一问题提出自己的主张。

汉民族的情况如何呢？阿基米德有言："给我一个支点，我就能撬动地球。"政体是此岸政治秩序的最高点，要撬动这个最高点，批判的支点只能在彼岸，不能在此岸。没有彼岸意识的民族，固然不会出现神权意识，但在另一方面，则丧失了对此岸世界的俯瞰高度，因此，也丧失了对此岸世界最高点——政体的批判意识。所以，没有彼岸意识的学者，不可能研究政体，没有彼岸意识的民族，不可能建立政体理论。研究的第一步，是批判。不能俯瞰，怎敢批判？孔夫子"敬鬼神而远之"，拒绝了一个彼岸世界，也就拒绝了一个俯视此岸世界的思维制高点。从此，他和他的后代只能服务于此岸，包容于此岸，而不能超越此岸，批判此岸了。

从先秦到前清，汉民族政治哲学有两千六百年以上的历史，竟然不能产生起码的政体研究，这是对比中西政治文化史后最为令人不安之处。诸子百家不知开创了多少政治理论，独独不涉及政体研究这一项。司马谈总结诸子百家："天下一致而百虑，同归而殊途。夫阴、阳、儒、墨、名、法、道德，此务为治者也。"（《史记·太史公自序》）可谓一语破的。同归一致者，专制政体也；殊途百虑者，君臣治道也。也就是说，古希腊所有的学者在所有的问题上都争论，唯有一个问题不争，一切政体中最坏的政体是专制政体。在此前提下，他们才愿意展开争论。而中国的学者却在相反的方向上达成了默契：一切都可争论，唯有君主专制这一政体问题不争。承认这一前提，闷在盖子里争，无非是德与刑、政与事、典与礼，全是专制政体的内部职能。尽管在此之前，汉民族也有过"周召共和"，在此之后，有过鲍敬言的"无君思想"，但是由于缺乏终极关怀的强大牵引，都无法上升为系统的政体理论，零星散语，随生随灭。人类自有政治哲学以来，一个泱泱大国，一开始就对政体问题保持沉默，而且保持了二千六百年以上，确属罕见。这是世界政治哲学史上最漫长的沉默纪录。也是我们民族政治文化基因中最危险的致癌细胞。

三

李约瑟说过："如果我们想到其他不同民族的观念（如印度、伊朗、基督教与伊斯兰教等），我们便会了解古代中国思想中根本没有什么'彼世'——这正是它为什么常常使人觉得奇异之所在。"（《中国的科学与文明》，剑桥大学出版社一九七四年版，第二卷第98页）这是一个海外学者对中国文化的一个相当中肯的入门看法。我仅从政治哲学史的一个特定角度，延伸了这一看法。限于篇幅，从略述之，挂一漏万总是难免的。当然，汉民族政治文化之所以积贫积弱，以至今日呈龙钟之态，举步维艰，决不仅限于上述思想史原因。逻辑的历史尚需历史的逻辑来作更全面的说明。在思想史的狭隘天地之外，向上溯源——

如何挖掘汉民族政治文化基因缺陷的形成机制？向旁伸及——如何诊治这一基因缺陷在文学艺术、社会生活，乃至国民心理等种种方面造成的种种弊端？向下拓展——如何革故鼎新，探讨民族政治文化的改造工程？在这些方面，必定还大有文章可做。

（本文发表于《书林》一九八九年第三期）

随风飘去

——读《生命中不能承受之轻》

一

二十世纪还没有结束，性急的西方评论家就已评出这个世纪最优秀的哲理小说来自东欧，来自一个弱小民族的笔触。一九八五年，捷克作家昆德拉因写出《生命中不能承受之轻》而声名大噪，不得已，赴耶路撒冷领奖。在欲辞不能的窘迫中，昆德拉突然想起了一句沉睡千年的犹太古语，脱口而出：

人类一思索
上帝就发笑。

是什么使得评论家们那样躁动，是什么又使得作家本人如此窘迫，如此无奈？

二

昆德拉讲了一个故事,故事由一个医生、一个女记者、一个讲师和一个女画家组成。故事的背景是一九六八年捷克事变,整个民族的灵魂都轧有坦克履带轧过的花纹。这四个人大彻大悟,或隐居乡野,或远走异邦,以超脱红尘。比起当时他们那些留在城里的朋友们,这四个人更进一层。他们看到了城市里那股黑白相混的灰色浊浪,看到了营垒两边都伸出同一根食指在威胁听众,看到了美国参议员的人权嘴脸与布拉格检阅台上的微笑同样作态,看到了西方上流明星走向柬埔寨的人道进军与效忠入侵当局的捷克强制游行同样是闹剧一场。女画家就这么看了二十年,终于有这么一天,她对着英语世界里那些假惺惺的声音大喊一声:

"我不是反对什么主义,我是反对媚俗!"

三

昆德拉说,只要留心公众(Public)存在,就免不了媚俗。媚俗是人类生存的前提(Human Condition),它来源于人类对于社会存在这一基根的默认。知识分子中流行的那些时髦玩意儿,其实都是媚俗的变种。因此,反对媚俗者,如果彻底,首先就得有勇气超脱那些时髦玩意儿。然后,从洒脱、超脱走向虚脱,从存在走向非在，直至走向生命的否定。昆德拉笔下的那四个人物果然都是这样殊途同归，同归于尽。这就叫作"沉重者轻松，轻松者沉重"，或者叫作"生命中不能承受之轻"。据说，昆德拉就是由此摆脱了形而下的低级境界，从政治转向文学、哲学，从强权批判走向人性批判，从现时转向永恒。

四

无须多少语言换算，中国的知识分子读得懂昆德拉，也掂得起"不能承受之轻"比"不能承受之重"来得更为沉重。

树死了，还站着。现在要问，作家笔下的人物超脱了，作家本人是否也如落叶，随风飘去，获得了超脱？

在这个以污染著称的星球上，大气层到处飘浮着媚俗的分子。人们吸进的空气，每一口都是有毒的。每时每刻，癌细胞像玫瑰一样开放，抽水马桶如百合花般升起落下，城市中千家万户流出的酱油如圣油般到处流淌，你能真正脱俗吗？有人因为媚俗而成功，有人因为反对媚俗而获得更大成功。现在，有一个叫作昆德拉的作家写出了一个反对媚俗的故事，获得了评论界的欢呼。他已经走到悬崖，站在悬崖边上了，脚下是如潮般涌来的滚滚俗流。他是脱俗而出呢，还是一跃而下，卷入一个更为湍急的旋涡？昆德拉，你欲哭无泪，昆德拉，你欲罢不能。

50

人类一思索，
上帝就发笑！

（本文发表于《解放日报》
一九八九年十二月二十三日）

毛泽东晚年文化思想散论

一

毛泽东是政治家，是诗人。他不是，也不屑于成为一名刻板的学者。他的思想一泻千里，奔腾跳跃，常有惊人之笔，但语汇始终缺乏一个规范、精致的表达形式。他几乎从未给他使用的概念以明确的界说。斯诺一九三六年访问延安时曾发现毛泽东有用政治名词说明问题的习惯，这种习惯显然一直保持到他的晚年。这些政治术语妨碍了人们对潜藏其后的丰富的、超越政治规范的文化思想的认识。生硬的政治术语不仅迷惑了别人，有时也迷惑了他自己。

不言而喻，毛泽东在大量采用政治术语的时候，某些错误的政治理论必然羼入他的文化思想。就是属于他文化思想范围内的某些理论，也曾做过大规模的、以失败告终的试验。对那些曾经为人们异常熟悉的理论做新的文化解读，势必将面对一个情感上、心理上的巨大考验。重新审视这笔含混不清的遗产，首先应该期望足够的成熟和从容。

二

在毛泽东晚年思想中，有一个占中心地位的概念——"马克思主义"（或"马列主义"）。他屡次告诫人们：要搞马克思主义，不要搞修正主义。直到去世为止，他每年都会用差不多同样的语言重复这个主题。颇堪玩味的是，毛泽东几乎从未认为有谁符合他心目中"马克思主义"的标准，他几乎从未说过哪个人是"马克思主义者"，他甚至连"懂马克思主义"这个平常的肯定之辞都很少使用。如果这个"马克思主义"是指马克思主义的经典理论，那在毛泽东身边并不缺乏足当"马克思主义者"称号的专家；如果这个"马克思主义"是指他本人的一系列政治性指示，那按照当时贯彻"最高指示"迅速、彻底的程度看，中国的"马克思主义者"应该不胜其多。可以说，毛泽东晚年强调的"马克思主义"具有大异于常人解释的独特内容。

这一"马克思主义"有两个引人注意的特点。第一，它不能通过表面的阅读来把握。一九六四年九月十日，一些来访的法国人对毛泽东谈及他们访问西安某技术学校时，发现那里的学生能背诵毛主席的著作，并用毛主席著作中的话来回答他们提出的问题，毛泽东毫不在意地回答：好不好，要看将来。现在他们所学的只能当资料。毛泽东还屡次强调深入实践对掌握马克思主义的极端重要性。这种"总体性认识，深层把握，行为传递"（这是我们对毛泽东之"马克思主义"体认方式的概括——作者按）的特征，正是文化传播与一般思想传播的区别所在。第二，毛泽东关于"马克思主义"的大量议论，主要是针对文化部门的。他"不懂马克思主义""不搞马克思主义"的批评最经常地指向理论界、文艺界、学术界、教育界、卫生界，这是他观察文化部门的结果。毛泽东晚年对文化部门知识分子的最高赞赏是"老九不能走"，根据即在于："教育界、科学界、文艺界、新闻界、医务界，知识分子成堆的地方，其中也有好的，有懂点马列的。"[1]

不妨设定，这一"马克思主义"，就是毛泽东对他晚年文化思想的概括性命名。

三

作为一位有力地改变了中国历史发展进程、极大地调整了亿万人思想流向的巨人，毛泽东的文化思想的核心是他的历史观。

毛泽东的历史观是奴隶史观。

一九七〇年八月三十一日，毛泽东在党中央九届二中全会上发表了《我的一点意见》一文，提出："是英雄创造历史，还是奴隶创造历史，……我们只能站在马列主义立场上，而绝不能跟陈伯达的谣言和诡辩混在一起。"这

[1] 转引自《王、张、江、姚反党集团罪证》（材料之三）。

篇在党内斗争中产生的即时之作，以明确的语言表达了毛泽东长萦于怀的对历史根本问题的思索。"奴隶史观"是理解毛泽东晚年文化思想的一把钥匙。

毛泽东对这一问题的发言可以追溯到更早。一九六五年八月出版后风行全国的《毛主席语录》第二部分的头两段话，就是毛泽东在三四十年代对他历史观的表达："人民，只有人民，才是创造世界历史的动力。""群众是真正的英雄，而我们自己则往往是幼稚可笑的。谁不了解这一点，就不懂得最起码的知识。"几十年之后，毛泽东在病榻上几乎一字不差地再次重复了这段话，"群众是真正的英雄，而我们却是幼稚可笑的"，他只另加了三个字，"包括我"[1]。

毛泽东认为，整个人类历史是由最底层、最广大的人民群众创造的。人民群众创造了物质财富和精神财富，创造了文明和文化。但历史创造者在历史上遭遇的命运却极不公正，他们成了政治、经济、文化、社会生活等各种意义上的被压迫者。这样，必然发生革命。革命就是为了反抗压迫，"马列主义的基本思想就是要搞革命。什么是革命？革命就是无产阶级打倒资本家，农民推翻地主"[2]。一切反抗压迫的斗争都是合理的——造反有理。但革命的真正目的在于取消压迫，改变产生压迫的社会结构。毛泽东注意到，历代革命的悲剧，就在于原来的革命者最后都在

---

[1]《毛主席一九七五年十月——一九七六年一月的讲话》。
[2]《与毛远新的谈话》，一九六四年七月五日。

根本上背弃了真正的革命目标。"革命是一种感情……人不会喜欢一辈子都背着革命的担子。"[1]尽管如此，毛泽东对他的历史观仍然坚信不疑，被出卖的革命（他称之为修正主义）将是下一轮革命的起点。"一百年后还要不要革命？一千年后要不要革命？总还是要革命的。总是一部分人觉得受压，小官、学生、工、农、兵，不喜欢大人物压他们，所以他们要革命呢。"[2]

毛泽东晚年基本上不注意自己理论思想的内在结构和外在形式，新见奇想，常常散漫出之，使人难得要领。独有当他作为一个诗人长吟挥笔之际，他的思路才变得异常的明晰、透彻。他于一九六四年填写的《贺新郎·读史》，以诗为论，一咏三叹，完整地表达了他的"奴隶史观——革命论"思想。词的下半阕为："一篇读罢头飞雪，但记得斑斑点点，几行陈迹。五帝三皇神圣事，骗了无涯过客。有多少风流人物？盗跖庄蹻流誉后，更陈王奋起挥黄钺，歌未竟，东方白。"一部二十四史，毕竟必须从"盗跖庄蹻"说起，必须从奴隶"奋起挥黄钺"说起。

四

在毛泽东的历史观照中，最使他激动不安的是与阶级

---

[1]（法）安德烈·马尔罗：《回忆录》，纽约一九六八年版，第384页。
[2]《毛主席一九七五年十月——一九七六年一月的讲话》。

压迫交织在一起，但比这种压迫更为深刻的文化压迫现象。底层群众是整个人类历史中的文化创造者。底层群众创造了各种文化活动的前提，同时也创造了属于自己的文化。奴隶的聪明、智慧和创造精神在品质上比上流人物、高贵者的文化要优越得多。然而，文化的创造者却不能享有文化，社会的主流文化、规范文化对奴隶的文化创造断然拒斥，奴隶在文化上被官方规定为卑贱者。因此，毛泽东呼唤的社会革命就必然以文化改造、文化革命为其重要组成部分。他特别倾心于下层群众对规范文化、精英人物的对抗姿态。"高贵者最愚蠢，卑贱者最聪明"，这句卢梭式的名言即是他对历史的总结，也是他观照现实的出发点。

五十年代末，他曾批文敦请中央工交各部门收集材料："编印一本近三百年来世界各国（包括中国）科学、技术发明家的通俗小传（小册子）。看一看是否能够证明大都出于被压迫阶级，即是说，出于那些社会地位较低、学问较少、条件较差、在开始总是被人看不起甚至受打击、受折磨、受刑戮的那些人。"他坚信："'卞和献璞，两刖其足'，'函关月落听鸡度'，出于鸡鸣狗盗之辈，自古已然，于今为烈。"[1]

一九六二年，他在苏联《政治经济学》教科书的批语中写道："聪明人往往出在地位低、被人看不起、受过侮辱而且年轻的人中，社会主义社会也不会例外。旧社会的

---

[1] 一九五八年五月十八日的批语。

规律：被压迫者文化低，但是聪明些；压迫者文化高，但总是愚蠢些。在社会主义社会的高薪阶层也有些危险，他们的文化知识多些，但是同那些低薪阶层比较起来，要愚蠢些，……现在许多大学教授，并没有发明，而普通的工人反而有发明。"

挑战——战而胜之，当下层群众的非规范文化与主流的规范文化处于这样一种关系时，毛泽东最感满意。在整个社会的文化结构发生根本的革命之前，在下层群众终于能自由、全面地创造、表现自己的文化之前，非规范文化最宝贵的品格或者表现为对主流的规范文化的批判和叛逆，或者表现为不是迎合而是背离规范文化的创造。批判和创造，是奴隶文化的精粹，是奴隶和奴才的根本区别。对后者，毛泽东深恶痛绝，他厌恶武训，鄙视贾桂，他宁愿为阿Q的革命欢呼也不愿接受"假洋鬼子"不准阿Q革命的合理主义。

五

毛泽东晚年文化思想中最尖锐的部分，大概是对整个规范文化，对所有文化部门排炮般的攻击。

一个基本的原因在于毛泽东晚年在政治理论上的失误，在于毛泽东用"无产阶级专政下继续革命"的理论观察社会而得出的曲解事实的结论。

然而，即便将这些政治理论前提抽离，毛泽东的批判仍然有它自成一格的论据。

李泽厚认为，中华民族有四大实用文化——兵、农、医、艺（首先是技艺），这四大实用文化对维系中国民族的生存发展起着巨大的作用。[1]毛泽东晚年实际上正是有意无意地以这四大实用文化专家的身份来发表他的高言谠论的。

毛泽东作为现代中国杰出的军事领袖的地位无可怀疑。他对自己成功经验的总结是：一支"工人、农民的军队打败了知识分子的军队"[2]。他认为，现在的军事院校办得一塌糊涂："过去没有军事院校可好了。打了几十年仗，就是没有军事院校。我们的军队百分之九十以上是不识字和小学程度的。国民党尽办军事院校，什么陆军大学毕业，就是我们这些不识字的兵打倒了它。我们各军区的司令员过去都是老粗嘛！"[3]这些老粗，凭借着"关公的青龙偃月刀，张飞的丈八长矛"，"关张赵马黄的武器"[4]，赢得了战争的胜利。结论是："书读多了害人，的确害人。""战场就是学校。"[5]作为一名农家子弟，毛泽东一生都保持着对农学的兴趣，他在这方面有着足够的自信。他手订的"农业八字宪法"现在已被人逐渐淡忘，但无论如何它都不失为稼穑之学中的一家之言。他对现代农业教育体系极度不

---

[1] 李泽厚：《中国思想史杂谈》，《复旦学报》一九八五年第五期。

[2] 《接见阿尔及利亚代表团的讲话》，一九六四年四月十五日。

[3] 《接见苏班德里约时的谈话》，一九六五年一月二十七日。

[4] 《在春节座谈会上的谈话》，一九六四年二月十三日。

[5] 《接见苏班德里约时的谈话》，一九六五年一月二十七日。

满，以不容置辩的口吻问道：农业大学办在城里不是见鬼嘛？！毛泽东自称："医科我多少懂一点。"[1]他真正熟悉的很可能仅限于中国的传统医学，然而他对医学理论和医疗体制的弱点、弊端却洞悉无遗。他不无调侃地说："以前没听说那么多高血压、肝炎，现在很多，很可能是我们医生找出来的。"[2]在看了介绍医务人员在人工喉、断手再植、止血粉研究等方面贡献的文章后，他的指斥大概出乎所有人的意料："应该加强医务人员的马列主义学习，并用以指导业务工作。既然军事上证明了所谓弱者可以打败强者，没有念过书或念过很少书的可以打败黄埔毕业生、陆军大学毕业生，医务界为什么是例外？医学校也要加强马列主义课程，好多毕业生就是不懂马列主义……消灭钉螺的办法还不是群众创造出来的？所以我写的那首诗内有'华佗无奈小虫何'，今后医学界要大力系统地宣传马列主义，医务人员都要下去。"[3]他饶有兴趣地要卫生部门研究神医，并历数神医的三大好处："它保险，不会害人，没有毒；第二个好处是省钱，几个铜板就可以了；第三是给病人精神安慰，病也就好了。""比骗人的医生要好"。[4]

当代科学技术大概是毛泽东最感生疏的一个领域。因此，毛泽东对科技部门和科技人员常常有一种格外的尊

[1]《与毛远新的谈话》，一九六四年七月五日。
[2]《与越南外宾谈保健工作》，一九六四年一月二十四日。
[3]《一九六六年三月十二日对医务工作者的指示》。
[4]《听取卫生工作汇报时的指示》，一九六五年八月二日。

重。他一面号召知识分子统统下去，另一面却指示让一些人吃饭不干别的，专搞尖端技术。[1]他为中国的知识分子进行分类："工程技术人员接受社会主义要好一些。学理科的其次。学文科的最差。"[2]"大体上可以说，搞工业的知识分子比较好些，因为他们接触实际。搞理科的，也就是搞纯科学的差一些，但是比文科还好一些。最脱离实际的是文科，无论学历史的也好，学哲学的也好，学经济的也好，都太脱离实际，他们最不懂得世界上的事情。"[3]当"文化大革命"将全国的大学尽数摧毁之后，毛泽东发出了"大学还是要办的"指示，但马上补充说："我这里主要说的是理工科大学还要办。"[4]

毛泽东对实用文化的重视与对规范文化的抨击互为表里。实用文化就其原生形态和主要功用来说都是非规范的，它可以被社会规范文化吸收整合，但它一旦被社会主流文化所规范，往往会失去原有的生命力，走向形式化和僵化。而实用文化每一个进步，通常都意味着创造性地突破既定规范，脱离原来的文化整合。实用文化的这些固有品格，与毛泽东的价值取向极为吻合。

毛泽东攻击的炮火覆盖了整个文化领域。文艺、卫生、新闻、科学、学术各界无一幸免，然而毛泽东晚年批

[1]《关于发展原子弹、氢弹的指示》，一九五八年六月。
[2]《关于坂田文章的谈话》，一九六四年八月二十四日。
[3]《接见尼泊尔教育代表团时的谈话》，一九六四年八月二十九日。
[4]《人民日报》一九六八年七月二十二日。

判锋芒集中指向的则是教育界。教育是规范文化的代表和组织者，教育体系中的学科分类反映，同时也决定了社会的文化分类，教育的体系和内容是规范文化最完整的代表。要改造规范文化必须从教育入手。毛泽东晚年教育革命的言论人们曾经耳熟能详，至今记忆犹新，择其要者为：一、学校教育摧残人才，摧残青年。二十几年紧张的学校生活搞坏了学生的身体，而学生却学不到什么实际有用的东西，不辨稻、粱、菽、麦、黍、稷，"看不见工人怎么做工，看不见农民怎样种田，看不见商品是怎样交换的"，"真是害死人"[1]。二、教员只会凭讲稿上课，既懒又蠢，误人子弟。真学问也是一入太庙，便为牺牲，结果哲学家搞不了哲学，文学家写不了小说，历史学家搞不了历史。三、整个学校弥漫着鄙视劳动人民的恶劣空气，大小知识分子都以精神贵族自居。毛泽东愤慨地要求把他们"统统赶出城，统统轰下去。谁不下去就不给他开饭"[2]。及至"文化大革命"，终于演成"停课闹革命"（事实上停办大学）骇人听闻的一幕。

六

　　研究毛泽东的文化思想，有两个基本的，但经常被人

[1]《在杭州会议上的讲话》，一九六五年十二月二十一日。
[2]《在春节座谈会上的谈话》，一九六四年二月十三日。

忽视的环节：毛泽东诗词和毛泽东本人的阅读。前者是他最富个性的文化创造，后者则表现了他未加修饰的选择与取向。这二者透露的信息未必严密确定，但有其他材料无法比拟的摇曳多姿、色彩斑斓的丰富。说不尽的毛泽东可以用他的诗句、他的阅读做出深入的说明。

毛泽东对《水浒》这部小说的关注贯穿了他的一生。这部小说讲述了一个下层群众集体造反的故事，它展示了一种反规范的社会结构、一种反规范的生活方式、一种反规范的文化，在一定的意义上可以说《水浒》这部书是毛泽东毕生事业的背景音乐，每到重要关头就轰然作响，反复变奏。

根据毛泽东自己的回忆，在他的启蒙期对他影响最大的读物就是《水浒》。他少年时代对梁山英雄的叛逆精神十分向往。毛泽东在少年时代与父亲发生过剧烈的冲突——这大概是他一生中无数次斗争的开端。他后来明确地告诉别人，他将专横的父亲视为《水浒》中的贪官，而他自己的角色无疑是"替天行道"的好汉。入小学后，《水浒》成了毛泽东批判历史教本的依据，以及率领童年伙伴砸土地庙、孔子牌位的向导。主持"新民学会"期间，毛泽东建议同学会友读一读《水浒》。

投身革命后，毛泽东与《水浒》几乎须臾不离。在江西苏区受到排斥时，退隐读书的书单上有《水浒》；长征之前，经过简装清理的行李中珍藏着一套《水浒》；在延安整风中，《水浒》是他圈定的阅读书目。在四卷《毛泽东选集》中经常可以看到他引用的《水浒》典故。毛泽东前半生对《水浒》的理解，《水浒》在这一时期对毛泽东的启示，完全可以用他看了根据《水浒》故事改编的评剧《逼上梁山》后所写的那封信中的话来概括：历史是人民创造的，但在旧戏舞台上（亦可读作在旧的历史舞台上、在旧的文化中——引者按）人民却成了渣滓。这种颠倒的历史现在再颠倒过来，恢复了历史的面目。

然而到了晚年，毛泽东对《水浒》的看法有了根本的转变。一九七五年八月十四日毛泽东关于《水浒》的批示可以看成他晚年文化思想的点睛之笔，千里伏线，到此结穴。

"四人帮"曾用毛泽东的这段批示作为攻击老一辈革命家的政治炮弹，这是一个已经查清的阴谋。根据芦荻提供的材料，毛泽东在一九七五年以前已作过同样内容的讲话，根本没有针对具体人物的影射含义[1]。毛泽东在这里所作的是一种意义广泛的文化讨论。

毛泽东说："《水浒》这本书，好就好在投降。""宋江投降，搞修正主义。"这是毛泽东追问梁山好汉最终结局而得到的答案。《水浒》英雄好汉座次排定，俨然结成了一个逸出常规的社会组织，这是造反事业具有文化内容的一次胜利。但这一胜利是短暂的，在朝廷没有武装外衣的文化镇压——招安措施下，梁山事业失败了，颠倒过来

---

[1] 转引自《王、张、江、姚反党集团罪证》（材料之三）。

的历史再次颠倒回去，宋江俯首帖耳地认同于规范文化，"屏晁盖于一百零八人之外……把晁的聚义厅改为忠义堂，让人招安了"。"聚义厅"是非规范文化的标志，"忠义堂"是规范文化的符号，一场尽管声势浩大，但没有自觉内容的文化反抗，其结局必然是悲惨的。毛泽东又一次感到他与另一个孤独的文化巨人——鲁迅心心相印："鲁迅评《水浒》评得好，他说：'一部《水浒》，说得很分明：因为不反对天子，所以大军一到，便受招安，替国家打别的强盗——不"替天行道"的强盗去了。'"[1] 但即使具有文化改造的雄心，途径在哪里？结局又将如何？毛泽东并没有指出。

与对《水浒》的失望相映照，毛泽东晚年对另一部古典名著《红楼梦》的兴趣却日盛一日，流风所及，在"文化大革命"学术凋零的局面中，曾使"红学"一度畸形繁荣。毛泽东申明："读《红楼梦》不是读故事，而是读历史。"[2] 除了他已经说出的，这部小说还可能有什么他未曾言明的启发意义呢？曹雪芹笔下的女儿国中，有没有另一种形式的非规范文化挑战？把仕途经济视为"混账"的林黛玉，在"世事洞明皆学问，人情练达即文章"箴言前茫然掉首而去的贾宝玉，是不是代表了不同于梁山英雄硬性造反，但却更为深刻的软性反抗精神呢？哲人已逝，对无

[1] 转引自《王、张、江、姚反党集团罪证》（材料之三）。
[2] 《和王海蓉的几次谈话》，一九六五年。

法言说者只能保持沉默。

七

极而言之，毛泽东晚年的文化思想可以归结为对绵延至今的整个人类的社会结构和文化结构的质疑和挑战，仅此一点就足以奠定他在古往今来思想家中卓尔不群的地位。只要当代文明沿着既定的轨道继续演进，这样的疑问和挑战就永远不会成为绝响。

中华民族二十世纪面临的主要课题是民族的生存和发展，任何一个政治领袖对此都无权回避。毛泽东晚年的文化思想几乎完全脱离了这个主题，思想发展的轨迹愈来愈凌空蹈虚。这样，他不可避免地要在全局性的问题上犯错误。

就毛泽东晚年文化思想本身而言，它也尚处于远未充分发育的阶段。毛泽东晚年解决文化问题的手段和方法完全是政治性的、行政性的。"借思想文化方法解决问题"这一缠绕着"五四"以来中国思想家的梦魇，在毛泽东这里倒错为"借政治、行政手段解决文化问题"。这样，他对任何一个实质上属于文化范围的问题的处理会引出更多的问题和困难，最后积重难返，而大背他的初衷。

（本文与何平先生合作，初次发表于《上海理论》一九八八年创刊号；《走向未来》一九八八年九月第三卷第三期、《党的文献》一九八八年三月号全文转载）

六十年代的教育危机与八十年代的语言破译

本世纪六十年代，中西方同时有一场价值理性的大爆炸。那场价值爆炸在法国叫"六八年五月风暴"，在中国叫"教育革命"。爆炸的中心在高校校园，首当其冲者，就是那些传之百年、千年的传统教育哲学和教育体制。当年出现这场价值爆炸，点火者当然不止一人，但是，其中最引人注目者，恐怕不是在香榭丽舍大街上散发传单的萨特，而是在紫禁城城楼上挥动军帽的毛泽东。物换星移，一代人去矣。当年爆破之后一片狼藉的废墟，转眼间，已是书声琅琅，莺歌燕舞，早已重建起师道尊严、校规尊严，重建起学分、学年、学衔、学位、学术、学者等等一切与"学"字有关事物的应有尊严。二十年后的今天，西方人回首往事，是以什么样的语言来谈论呢？读一本西方人第一部以高等教育哲学为书名的专著，也许不无裨益。书，是美国人写的；作者，当年是个典型的"逍遥派""隔岸观火派"——隔太平洋、大西洋两岸而观之，以至今日用语还是如此冷漠，如此讥诮。

原来他们不说"风暴""革命"这些刺激人的字眼了，

而是说："那是一场高等教育的合法性危机。"所谓"高等教育的合法性"，也就是"高等教育的存在理由"。这个"理由"来自古希腊时代的自由教育传统。他们所说的"自由教育"，并不是东方人容易联想的那样，动不动就是相对专制教育而言的自由教育，而是相对职业教育而言，是一种"闲暇教育""形而上教育"。在西方，学校（school，école）一词的词根就是希腊语中的"闲暇"。因此，"自由教育"为避免东方人误解，最好不应是目前的译法，而应译为"对闲暇人的教育"。须知二千五百年前的希腊城邦如雅典，二十万奴隶是有职业、有分工、有"铁饭碗"，五万贵族和平民却是没有职业、没有分工的"闲杂人员"。这五万人的闲杂状态，就是西方人所谓的"自由状态"。相对职业分工而言，这种"自由状态"当然是一种高贵状态。然而，高贵的自由人衣食简陋，却是安贫乐道——成天在街上辩论"一"与"多"、"点"与"面"、"美"与"丑"等高贵的问题。这种状况持续了一百年，方有柏拉图出，猛地一收，统统收进一个叫作"阿克德米"（Academy）的地方，入口挂匾曰"不懂几何者不得入学"，出口挂匾曰"能谈哲学者方可治国"。从此，这"阿克德米"遂成为西方第一个"大学"，学生以几何始，以哲学终，出来都是候补律师、候补法官、候补军官乃至候补总统。至于候补钳工、候补果农、候补售货员，则对不起，统统归入形而下学，归入中学、小学的教育对象。这种自由教育的渊源，在中国，本来也有两个相对应的说法，如孔子曰"学而优则仕"，如孟子曰"劳心者治人，劳力者治于人"。只不过先秦人字典中没有"自由"这个词，又未想到以"闲暇"一词准确替代，遂以劳心与劳力之别勉强代替自由与职业之别。不幸，古人一时一处用语之出入，竟酿成后人二千年后的一场惨祸。到后来中西方高等教育的合法性危机同时爆发的时候，在西方，初则表现为职业教育对自由教育的挑战，稍待时日，则凝结为教育哲学的专用术语，心平气和地坐下来交换意见：在产业革命后的时代，大学是否应向平民职业开放？是训练官员、培养贵族，还是训练技术人员、专业人才？大学者，"university"也，既是"天地万物"，为何不懂几何懂丈量者不可入学，为何非要以哲学，而不能以其他技艺，比如"马尾巴的功能"列为大学教育的起点？等等等等，如此而已。但在中国，那个"劳心教育"不动则已，一旦触动，发生合法性危机，则是一溃千里，不可收拾。教育哲学的分歧立刻上纲上线，上升为脑力劳动与体力劳动的阶级斗争，然后再以政治语言转述教育语言，以意识形态语言换算学术语言，如此转换复述，真正的主语——高等教育的合法性讨论逐渐流失，剩下来能够进行的则是一场长达二十年的无主语战争：前十年是"阶级斗争，一抓就灵"，偷换教育哲学的内在危机；后十年是"智育第一，一抓也灵"，似不承认教育哲学本身可以讨论——这样一来，自由教育也好，职业教育也罢，中间夹着个第三者，双方都害上了语言障碍，所谓正常的学术讨论，也就子虚乌有了。

关于招生政策。他们似乎也有过一场极左或是极右的争吵，只不过使用的是另一种语言。比如，他们不说这是"阶级路线"，那是"分数面前人人平等"，而是说那两种主张由来已久，还原为哲学语言，只不过是一场关于平等和公正的古老冲突，有如古希腊一般古老。所谓"公正"，首先是一个希腊符号，是一个开根号$\sqrt{}$，意为平方之根是各因数投入运算后所能达到的最佳中和——即"公正"。公正概念最早被柏拉图引入"阿克德米"，作为招生原则：给所有的应试者均等的应试机会，使之出现自然差别，然后择优汰劣。这就是"分数面前人人平等"的最古老起源。这一原则沿用两千年，到了卢梭时代，方吵嚷起另一个字眼，"平等"。卢梭认为，差别不是出现在机会均等之后，而是出现在机会均等之前，如家族遗传、社会背景等。机会均等不是缩小差别，而是扩大差别，因而是虚假的公正，真实的不平等。试想，让一个跛子和一个常人同时起步，貌似公正，实则岂不是使常人把跛子越甩越远？因此，公平与平等是一对矛盾：公正者，不平等，平等者，不公正。按卢梭的说法，只有让跛子先跑一程，然后让常人起步，如此"不公正赛跑"的结果，让两人同时到达终点，第二轮才可以开始"公正赛跑"：跛子的后代与常人的后代在同一条起跑线上同时起跑。在这里，卢梭实际上是提出了一个哲学上的"补偿原则"，补偿加平等，方能配平公正，达到"平等的公正"。卢梭的这个平等观，曾获得一个青年流亡者的高度称誉，说卢梭之平等是辩证之平等，而柏拉图之公正，则不过是机械之公正、虚伪之平等。这个青年流亡者，正是大名鼎鼎的卡尔·马克思。

到了本世纪六十年代价值大爆炸的年月，美国思想家约翰·罗尔斯积二十年学力，推出一本《正义论》，适逢其会，一时轰动。罗尔斯认为，家庭背景越是贫困，本人越是缺少才能，就越加需要"吃补助"——得到额外的教育机会，以补偿上几代人被社会剥夺机会累积而致的"智商后果"。反之，家庭背景越是优裕，本人越有卓越才能者，则应放弃一些机会，以偿还上几代人多占有的机会，以冲销不公平的"智商后果"。这一理论沿用到招生原则，就是名噪一时的"反向歧视"（reverse discrimination）。"反向歧视"推行不久，就轮到那些西方世家子弟起来大叫平等：如此歧视，岂不是"越穷越革命"？岂不是"血统论还潮"？岂不是"贫下中农上大学、管大学、占领大学"？岂不是从极左的方面否定美国独立宣言的第一原则"人人生而平等"？——这么吵吵嚷嚷，就发生了一起极为有趣的贝克对加州大学诉讼案。

一九七八年，加州大学拒绝白人学生贝克进入它的医学院，同时却录取了一名考试成绩远不如贝克的黑人学生。校方辩护说，这种"反向歧视"是作为一种补偿，补偿少数民族过去受到的不平等待遇。原告贝克大叫冤屈，说肤色不应该成为被告大学招生的依据因素，法官们在判决此案时，应该"暂时色盲"！

辩论结果，法院竟然判决贝克败诉！理由是：大学的力量就在于它能中和各种社会因素，最后开出√，确立一种最为公允的立场；在所有的社会因素中，种族出身就是一项重要内容！哎呀一九七八年，中国早已否定极左思潮，想不到这一极左思潮却在美国大有市场？

至于六十年代大学校园中那些随风飘扬的随意作品，"忽如一夜春风来，千树万树梨花开"，中国如此，法国如此，美国也未能幸免。不过，他们现在已不称之为"大、小揭帖"，而是称之为"非主流文化"（counterculture），把那样的大学称之为"批判大学"（university of criticism），把他们的那些"照顾入学者"称之为有幸光临大学的"民主顾客"（customer of democracy），把当时弥漫大学校园的不安气氛称之为"自由大学运动"（movement of university of freedom）。且不说闹得最邪乎的法国，自由大学运动在荷兰就有"普罗"（Provos），在日本就有"全学联"（zengakuren），在意大利就有"宣言派"（il manifesto），在德国就有"社会—民主学生"（Sozial–demokratischen Studenten）……名目繁多，不一而足。这些学生的行动方式各有千秋，但有一个共同点：都向传统教育提出"缺席者的权力"，撤离校园，到民间去，到未受传统教育污染的土地上去，寻找腐败文化的解毒剂——民间文化。当时，他们有一句时髦口号，叫作"三 M 主义"，或"三 M 万岁"。三 M 者，毛泽东、马尔库塞、马尔罗也。这三个人的名字不约而同，都以"M"打头，故得此名。马尔罗，法国非主流文化的著名作家，报道过本世纪中国第一场工农革命——北伐战争，又报道过本世纪中国最后一场"革命"——"文化大革命"。一九六五年他曾来杭州，与毛泽东有过一夜长谈。在此之后，毛泽东一九六四年春节座谈会上有关教育问题的讲话在西方不胫而走，在那里的校园中激起了回响。到如今，"弹指一挥间"，二十年过去，尘埃落定，他们又是如何看待当年呢？有一种意见认为：那是西方"新左派"的一厢情愿，错把荆州当楚州，把毛泽东的政治理论凿空为西方的文化批判，把"无产阶级专政下继续革命学说"凿空为"法兰克福学派的东方盟友"。另一种意见认为，毛泽东确有真经传世，只可惜他有语言障碍，金针难度，无法把他的文化批判思想表述为文化批判语言，只能借助于政治语言，曲折地、含糊地表达他对人类文明走向病态腐恶的忧虑。因此，毛泽东的错误，似乎主要不在于他的"思路"，而在于他的"言路"，能指与所指发生分裂，造成了他文化批判工程的巨大流产。这一派人中有一个叫范多伦的，似乎至今还在毛泽东的"思路"上讲话。他说，高等教育的基本功能，首先不是教学生做事（to do），而是教学生做人（to be），不是增加学生的具体知识，而是转变学生的生活态度。这样一来，毛泽东当年那些古怪念头，从当初那种特定的意识形态上剥离下来，不就可能转换成一个莎士比亚式的永恒问题，而且超越时空永无休止地讨论下去了吗？——to be or not？ to be or not？……

　　语言破译，或者说语言转换竟有如此功能，这是东方人怎么也没有料到的。不过，说来也辛酸，西方教育哲学不管内部怎么争吵，但对中国教育却有这么一个共识：自清末废科举以来，一部百年中国教育史，只不过是一部引进外国教育史。一会儿学美国，一会儿学俄国，乏善可陈。要说例外，那就是六十年代那场短命的教育"改革"，那才是你们中国人扬眉吐气的岁月：颠倒的历史第一次颠倒了过来，中国人一下子成了教育思想出口国，而不是教育思想进口国！只可惜好景不长，落花流水春去也。那场教育改革触发了"大革命"，"大革命"造成大流产，以后纵然是小革命不断，却形成了更为可怕的习惯性流产，始终结不出一个正果。与此同时，毛泽东的那套思路先是被他本人的言路所扭曲，后来又被别人的言路所堵塞，迟迟等不到一个准确的破译，终于等不耐烦，一跺脚，随他老人家的逝世，恨恨西去了。因此，这批西方人似乎比我们还要痛惜我们的伟大领袖，以至于打抱不平，认为临终前最有资格吟诵海涅那句名诗的人，尚不是马克思，而是毛泽东：

　　　　我播下的是龙种，
　　　　收获的却是跳蚤。

　　那么，如有龙种，又到哪里去了呢？在西方，意大利的"红色旅"、法国的"直接行动者"，这些张牙舞爪的恐怖主义者，是"六八年人"的跳蚤后裔。而福柯一类，可能还包括活着的哈贝马斯，这些当年非主流文化的参与者、同情者，从昔日的"资本压迫"，转向今日的"语言压迫"，从语言破译入手，开辟出一块知识权力学、语言释义学的哲学绿洲，他们这些人会不会是继往开来的龙种传人或传人之一呢？

（本文发表于《读书》一九九二年第一期）

问答录

为什么要对比研究"文化大革命"和法国大革命？

问：在今年三月上海举行的纪念法国大革命二百周年国际学术讨论会上，你提出法国大革命和"文化大革命"可以对比研究的问题，引起不少人的兴趣，同时也引起了不少异议。有中国学者认为，法国大革命是"丰功伟绩"，而"文化大革命"是"政治动乱"，二者风马牛不相及，毫无可比性，把它们联系起来讨论，纯属无稽之谈。对此，你怎样认为？

答：学术争论越尖锐越好。我喜欢这种毫不客气的批评。不过，我对学术界素来有两个悲叹：一是明里暗里划定的学术禁区，如"文革"十年史，只有政治家有权作政治定性，不许学术界作学术研究，直到现在还是如此；二是学术界自己维护种种学术神话，只许仰视，不许俯视，如对法国大革命的过高评价，即为一例。别人吓唬自己倒也罢了，可悲的是还要自己吓自己。如果说，学术禁区是一种外在的不自由，那么，学术神话则是内心的不自由。前者不可理解，然而可鄙；后者可以理解，却又可悲。应该承认，内心不自由与外在不自由有一定联系，不过有时也会反果为因，成为外在不自由的扩大与延伸。在这种情况下，用马克思的话来说，那外在的不自由就是对内心不自由的惩罚了。外在不自由与内心不自由结合在一起，则很容易产生你在会议上听到的那种观点，即认为法国大革命与"文化大革命"有天壤之别，打通这两者，既抬高了"文化大革命"，又亵渎了法国大革命。

说到我对这两场革命的总体看法，我从来不认为前者就是阳光灿烂的巅峰，只能歌颂；后者则是山脚下的阴沟，只能唾骂。而是把它们并列为人类文明解构的两场悲惨试验，只不过前者经过两百年吵嚷，反反复复，总算站住了脚跟；后者目前还在经历遭人唾骂的过程，算是对它从前被捧上天际的报复。至于它什么时候能摆脱这种忽天忽地的境遇，成为冷静公正的学术研究对象，尚不得而知。但有一点可以肯定，神话加咒语，不等于学术。

问：你能不能稍微解释一下你的文明建构和文明解构的观点？

答：我认为，历史进步是由文明的正值增长与文明的负值效应两条对抗线交织而成的。前一条线导向人类乐观的建设性行为，后一条线导向人类悲观的批判性甚至是破坏性行为。前者承认既成的文明事实，只同意添砖加瓦，不同意根本改造，并坚信随着文明的正值增长，文明内部即使存在有前设的弊端也会逐步消亡；后者则怀疑既成事实的第一层基面就埋设有不公正、不正义的元件，文明的每一步增长只会扩大而不会消除这些不公正、不正义的元件，因此，要求从文明的根部而不是从文明的现状来批判，并在这种批判中将文明解构后再来一个重新建构。这种文明解构和文明建构的冲突贯穿于整个文明史，使人类文明进步始终处于一种两极张力的紧张状态，并由此获得动力，在两极之间摇摆前进。毫无疑问，历史上绝大多数思想家都属于文明建构的行列，只有极少数思想家在当时能够冒天下之大不韪，提出文明解构的主张。这两种思想家对文明进步扮演着不同的功能角色，前者如蜜蜂，忙于采花酿蜜；后者如蚯蚓，拱松文明的根部土壤。两者功能都不可缺少，但也不可相互取代。一般说来，前者务实，重视操作，容易流于保守；后者高远，重视理想，容易出现凌空蹈虚的失误。

问：正是从这一角度观察法国大革命，你才把它理解为一场文明解构的试验，而不是像大多数人理解的那样，仅仅是一场政治事件或社会冲突？

答：可以这样说。不过，法国大革命只是到了第三阶段——雅各宾专政，才称得起是一场文明解构的试验。在革命的第一阶段和第二阶段（即斐扬派统治和吉伦特派统治）只不过是在实践伏尔泰哲学，只是到了第三阶段，才进入卢梭哲学，即进入文明解构的阶段。大概正是察觉到雅各宾专政具有这种独特的文明解构的走向，法国当代史学家比昂奇才把法国大革命的这一高潮阶段，称作"共和二年（即一七九三年）的文化革命"。

问：反过来说，你则把中国的"文化大革命"看成是一九六六年的"雅各宾专政"?

答："文化大革命"是否类似于雅各宾专政，是个可以讨论也应该讨论的问题，我在会议上只不过作了三点极其粗略的即兴发言。

第一，我对比了这两者共同的理论形态。如果我们超越意识形态语言，心平气和地看待毛泽东和他的党内同事在六十年代出现的重大分裂，那么或许可以看到：毛泽东的潜意识中一直怀有对文明增长的怀疑心态，接近于卢梭。而他的对立面则并没有意识到这一点，"老革命遇到新问题"——无意中扮演了一个伏尔泰的角色。卢梭思想的奇特之处，是推崇"高贵的野蛮人"(Noble Savage)，以此作为文明腐败的解毒剂，化为毛泽东的语言，就是"高贵者最愚蠢，卑贱者最聪明"，"知识青年到农村去，接受贫下中农的再教育，很有必要"。卢梭认为：科学、艺术的进步会导致人类道德生活的堕落。毛泽东则对这两者之间的关系怀有同样的忧患，认为在"卫星上天"的同时，会出现"红旗落地"的悲剧。卢梭终其一生都反对启蒙运动把人分解为某种机器、某种经济活动的观点，高扬人的精神价值。毛泽东念念不忘的也是这种精神价值，害怕长期的和平建设只满足人的物质欲念，却磨灭人的精神追求，以至于直到临终还要告诫他的子民要警惕"唯生产力论"等等。反过来说，卢梭为实现这套文明批判而设计的操作性理论——"社会公意不可违抗说"，在毛泽东这里也有强烈的回应。毛泽东的群众专政论，四大民主论，对少数人不施仁政论，等等——其操作结果无不与卢梭思想的操作结果相吻合：双方都从追求"道德至上"走向"恐怖统治"……

我们还可以回忆毛泽东晚年曾总结自己的性格，说是一半虎气，一半猴气；又总结自己的一生事业是做了两件大事，一是打倒蒋介石，二是发动"文化大革命"。如果说虎气意味着对社会秩序、文明进步的维护和建设，猴气则象征着对社会秩序、文明进步的调侃和批判。那么，他那两件大事恰好是与此对应，表现出他性格中两种成分的不同实践：一个是建设性的，一个是破坏性的。虎气使他重建国家的行政机构，推行常规建设，猴气则使他疏离乃至打碎这个行政机构，一竿子插到社会底层，插到"Noble Savage"，号召"卑贱者"起来造反，去占领上层建筑。

问：虎气，似乎类似于伏尔泰倾向；猴气，则类似于卢梭倾向，两者孰轻孰重呢？

答：这就是毛泽东思想性格中的复杂之处。终其一生，这位思想伟人都未摆脱过这两种矛盾倾向在他内心深处展开的拉锯式折磨。即使他在"文化大革命"最得意的时候，他也是一会儿发出强调造反冲动的"最高指示"，一会儿又发出强调安定团结的"最新最高指示"。不过，如果以时段划分，毛泽东的中年似以虎气为重，而他的青年、晚年则以猴气为重。这种现象，用中国美食家的话来说，是否可叫作"红烧头尾"？（一笑）

问：那么，你的第二个对比是什么呢？

答：是对比雅各宾党人和中国"文革"青年一代的某些行为特征，似乎也有共通之处。

凡有一点法国革命史常识的人，一般都有这一感觉：一七九二年九月在巴黎街头发生的流血事件，很容易使人联想到一九六六年夏天，在北京、上海街头发生的恐怖事件。事实上，一九六六年及其以后的两三年内，"文革"青年中的思想者，曾经普遍阅读过法国革命史。一七九三年的雅各宾党人的理想主义热情，曾经激励了一九六六年的红卫兵的"乌托邦"热情，雅各宾党人的残忍行为也刺激了不少倾向于行动而不是倾向于思想的那一类红卫兵的类似行为。不可否认，"文化大革命"确实存在某种阴暗的政治目的，也经历过令人不堪回首的恐怖过程，在这两个方面，雅各宾专政也好不到哪里去。但是，在谴责这些政治垃圾、恐怖血污的同时，我们还是应该看到，"文革"青年一代当时的行为特征出现了一种分裂倾向，正如法国史学家马迪厄在《法国革命史》中描述雅各宾党人所说的那样，是暴行与伟业并举，恐怖与理想并存。人类为何会一再出现这样分裂的行为特征？实在是一个极富挑战性的问题，只有调动社会学、心理学乃至生物学等诸种学种的综合知识，才可望最终能有一个令人较为满意的答案。我目前不可能最终回答这一问题，只想提出这一问题，指出这种行为特征具有分裂着的两个方面，以供人们进一步思考。

他们的恐怖暴行是什么？当然是那些践踏人类尊严的

野蛮事实。对这些野蛮暴行，后人怎么谴责都不过分。他们的理想追求是什么？恐怕是在追求一种道德化的人类理想。他们以为西方文明正在腐化，东方的苏式社会主义文明也在同流合污，只有同时批判这两种文明，才能建立拯救人类的第三种文明模式。当时，这种文明解构的双向要求，是用一种极其幼稚、极其可笑的意识形态语言叫喊出来的。

问：是不是那句妇孺皆知的口号——"反帝反修"？

答：对。今天来释读这一口号，至少可以读出两层含义：第一是表层意义上的封闭心态。不仅要对西方封闭，也要对东欧苏联集团封闭。第二是潜伏在深层意义的反叛心态。既反叛西方模式，也反对那个日益板结、僵化的苏联东欧模式，用中国古老的道德理想，给当时也已经走向板结、僵化的仿苏联体制，注入一种新的活力。这种反叛心态，很可能是当今中国十年改革的遥远先声，只不过更为曲折、更为模糊罢了。遗憾的是，由于你能理解的原因，人们至今还不愿意释读这一层含义。

历史就是这样复杂。最可耻的与最可贵的在一起，最卑污的与最高尚的在一起，最遥远的与最切近的在一起。而不是如一首民歌所唱的那样："珍珠和玛瑙在一起，星星和月亮在一起。"否则，社会还需要我们这些历史学匠人干什么呢？只要有一批意识形态专家，昨天领着人们高喊"就是好，就是好"，今天领着人们高喊"就是坏，就是坏"，足可以打发那么多浑浑噩噩的日子了！

问：你的第三个对比是什么呢？

答：这第三个对比则更为犯忌了。我在那次会议上对比了法国大革命后的"热月现象"［"热月现象"：一七九四年七月（法国共和历为热月），雅各宾专政被推翻，法国社会从革命高潮时期的狂热中挣脱出来，开始建设资产阶级的世俗生活。从"热月"开始的一系列社会变动，我称之为"热月现象"］和我国"文革"结束后的社会变迁，引起了更多人的非议。

我的观点是，任何一场文明解构，都是全社会逸出常规的非常运动。为了对抗常规运动的巨大惯性，它必须打开潘多拉的盒子，打开那个被常规禁忌封存着的危险能源——底层社会骚动不安的非理性激情。这种非理性激情，一旦释放，将如惊涛裂岸，形成文明解构的疯狂浪潮，短期内绝难平息。毛泽东曾不无自豪地说，他要引爆人类社会的精神原子弹，可谓一语道破天机。但是，核爆破固然快意，核污染却破坏了生态环境，同样也播下了大面积仇恨的种子。社会迫于种种情况，可能会容忍它一时，但绝不会把非常当正常，长久容忍下去。一旦文明解构达到临界极限，或者文明解构本身已经失败，却不承认失败，逞强妄为，一意孤行——到这时候，一场"热月"变动就不可避免了：

那时，全社会将在一个早上突然翻过身来，推倒昨日还在崇拜的"革命偶像"，并把它拉上它们自己设置的断头台。那时候，解构者被解构，推翻者被推翻，而千百万昨日还在哄闹的"革命群众"则突然更换舞步，在断头台下跳起了庆幸还俗的欢快舞蹈……

我们纵览法国革命、美国革命、英国革命，甚至俄国革命，几乎概莫能外，难逃此律。只是程度不同、形式不同而已。革命再凶猛，在它的尽头总有一个"热月"等在那里，静静地等待社会回归，心闲气定，稳操胜券。卢梭的信徒们再狂热，狂热到一夜之间割下国王的头颅，挑在广场上示众，但是或迟或早都要产生"革命厌倦症"，要留恋起伏尔泰的那口肉锅，要从街头集会重回家中的厨房。凡是不理解、不接受社会群体这一"热月性格"的人，往往都是一些终生燃烧着理想激情的伟人、巨人，到头来都要陷入一个与世隔绝、与人隔绝的孤独心境。罗伯斯庇尔如此，戴高乐如此，毛泽东也是如此。毛泽东晚年坚持要人民"不要放松战争年代那股劲"，念兹在兹；看一部三流电影《难忘的战斗》，竟也勾起满腹情怀，潸然泪下——这种心理现象，不能说明别的，只能说明这个以洞悉人性隐秘而著称的孤独老人，可能只通晓人性中的喧嚣一面——铸有雅各宾党人头像的这一面，而不能理解人性中的世俗一面——铸有"热月"党人头像的另一面。或者进而言之，他可能也理解这一面，而且确切知道这一面一旦翻转是多么厉害，故而，才倾以一个老人在晚年所特有的全部执著和顽强，死死地捂住这一面，不让它翻转过来！

不管毛泽东如何理解人性，当上述社会厌倦心理已经出现，就说明文明解构已达极限，或者已经失败，再多跨一步，就是逆历史潮流而动了。这时候的历史潮流是什么？就是回归社会常规，开始文明解构到文明建构的又一个轮回。在这一个意义上说，"热月"并不可怕，也不只是法国大革命的"专利"，而是任何一个被文明解构搞得精疲力尽的民族都可以享受的正当季节。因此，我对历史上的"热月"是肯定的，对现实生活中的"热月"也是肯定的。我在《文汇报》和《书林》杂志最近发表的文章里，曾经用"社会大还俗"这一概念充分肯定了近十年中国社会的进步幅度。但是，在肯定的同时，我也不是没有保留，没有忧虑。

问：能谈谈你的保留和忧虑吗？

答：如果说，在文明解构的"雅各宾时期"，人性容易流露出"残忍"一面的话，那么，在文明建构的"热月时期"，人性则容易流露出"轻佻"的一面。身处"热月"的人们一方面想"减去十岁"，使劲遗忘前十年的惨重教训，仅仅把它视为一场完全可以避免的偶发事件，并没有什么植根于文明建构深层土壤的必然根基；另一方面则想"增加十岁"，拼命追求世俗享受，要求加倍偿还被粗暴剥夺的感官快乐。我只举一个人际称谓的变化，或可引起你的回忆。"热月"之后，法国人一夜间统统放弃了"公民"这一象征平等的称呼，而改称"老爷""伯爵""太太"等。在我们的"热月"中也有类似变化。一个象征理想认同的称呼"同志"已经不时兴了，代之而起的则是这样一些时髦的称呼:"小姐""老板""小开"等。人们正在尽量抹去称呼中的平等色彩,更之以一层强调等级贵贱的市侩色彩。尤其是上层社会的轻佻放荡,更是触目惊心。你去东、西长安街看看,一分钟内驶过的进口轿车将近百辆!面对那些未富先豪的滚滚车河,你能想到什么呢?只能想起法国革命后,曾有一个法国贵族面对维也纳会议的狂欢舞会,大声疾呼的那句警世名言:

你们什么都没学会,
你们什么都没忘记!

问:这就是你提出要对比研究法国大革命和"文化大革命"的现实背景吧?

答:一个历史工作者起码的职业道德,是承认自己的研究选题或远或近地受制于自己的时代,也不回避自己生活的时代与自己研究的时代这两者之间的呼唤和挑战。一代人有一代人的生活,一代人有一代人的思考。我并不讳言我们这代人无论走到哪里,无论干起什么行当,都已经无法逃避"文化大革命"的深重投影。正是"文化大革命"的幻灭,才促使我怀疑法国大革命的神话。反过来,对于法国大革命的进一步阅读,又促使我摆脱怨恨的纠缠,回头思考"文化大革命"的深层动因。

如果要控诉"文化大革命",而不是研究"文化大革命",我想我们这一代人所受的摧残,并不亚于任何一代人，我们在感情上的义愤程度也不会弱于任何一代人。唯一值得庆幸的是，我们终究还能摆脱那种基于个人恩怨的"索债意识"，摆脱那种感情上的过度纠葛。只要超越个人得失，深入一层来回答历史对现实的呼唤，就不难发现法国大革命和"文化大革命"的可比内容。我唯一不解的是，那些对"文化大革命"怀着满腔义愤的人，怎么能够同时维护法国大革命的神话？他们难道没有察觉在诅咒和赞美的同时，这两者之间已经出现了多么尖锐的逻辑矛盾？让他们置身于一七九三年的巴黎街头，当血流满地的时候，他们还会拥护那些气势汹汹的无套裤汉吗？我看，他们只会同情那些落荒而逃的保皇党人。

问：在法国，尽管人们有诅咒，有赞美，但是法国大革命本身看来是不会再发生了。那么，在中国，"文化大革命"能不能也同样杜绝，再不发生了呢？

答：这就是我最后想讲的问题，也是我提出要对比研究"文化大革命"和法国大革命的最终原因了。

经历过"文革"劫难的中国人，包括我在内，都不希望看到"文革"悲剧再度重演。但是，愿望能否实现，还要有诸多条件的保证。条件之一，就是首先要允许人们研究"文化大革命"，把"文化大革命"还给"文化大革命"，成为学术研究而不是政治斗争的对象。在这一方面，法国大革命之后的那段历史，正好提供了一个发人思考的殷迹之鉴。

"热月"过后一个相当长的时期内，法国人普遍憎恨法国大革命，也出现过不许研究，不愿研究，或者不能够冷静研究的局面。以后就相继发生了一八三〇年七月革命、一八四八年革命、一八七一年革命等多次动荡反复。树欲静而风不止，法国社会还是稳定不下来。原因之一，就是不愿正视一七九三年革命，拒绝一七九三年革命提出的种种问题和教训。只是到了一八七一年第三共和国成立，经过几代人的自然淘汰，大革命造成的社会分裂和情绪冲动逐渐平息，法国人开始正视大革命的起因与遗训，并将这种研究成果用于社会对话的制度建设，才出现了长期稳定的和平局面。当然，文明解构与文明建构的冲突依然存在，柏格森、加缪、萨特等人对文明建构提出的当头棒喝，不知要比卢梭当年深刻多少倍，也强烈多少倍，但是两者的关系却从恶性对抗，进入了良性互动。文明建构与文明解构之间的千年阻隔被打通后，前者能够不断听到来自后者的呼喊，随时修正文明增长造成的负面效应；后者获得合法化、社会化身份，也就遵守与前者和平对话的社会法则，从武器的批判转向批判的武器，再也用不着诉诸暴力，诉诸革命了。到这个时候，法国人才可以松一口长气，放心地说一声："我们终于结束了法国革命，马拉、丹敦、罗伯斯庇尔即使起而复生，也是英雄无用武之地了。"

回顾这一段历史，并不是要我们重演这段历史，恰恰相反，而是为了避免这段历史，避免可以避免的反复与震荡。我只希望我们中国人既要吸取法国大革命本身的教

88

训，也要吸取法国革命后法国人如何对待这一教训的教训，尽快建立文明解构与文明建构良性互动的社会机制，而不是听任它们各自怀恨，潜滋暗长，最终又走向一次恶性对抗。否则，洪水再来，掩天蔽日，唐代诗人杜牧的千古绝句必将在长空震响：

——秦人不暇自哀，而后人哀之；后人哀之而不鉴之，亦使后人而复哀后人也。

（本文发表于《书林》一九八九年第七期）

启蒙三题：笑着的、叫着的、哭着的

法国人说，伏尔泰笑着，狄德罗叫着，卢梭哭着。这三个人的嬉笑怒骂，穿越那个"理性时代"，直落我们今天存活的这个世纪……

伏尔泰的笑声，是伏尔泰主义的特征。狄德罗昵称他为"湖边的老土匪"，几分亲密，几分微议，似嫌他不该用笑声去作战。狄德罗毕竟年少气盛，不明白敌手之低下，尚不配使用更正规的武器。伏尔泰只有以笑声迎战，才不致辱没自己的智慧，才不致忽略对方的愚昧。

伏尔泰老是拿"教会的荣誉""宫廷的尊严"乱开玩笑。他说，从前有一个泥腿子，叫"老实人"。"老实人"进城遇到了六位欧洲废君，失去王位却逞泼皮威风，吃饭赖账，遭到意大利人的奚落哄笑。"老实人"起初不可思议，后来又听说宫廷社会暗中还流传有一种脏病，方有所悟。那脏病翻过来是一页"病历"，翻过去就是欧洲联姻王室的"家谱世系"：

侍女的病是一个方济会神甫送的，神甫的病得之于一个老伯爵夫人，老伯爵夫人得之于一个骑兵上尉，骑兵上尉得之于一个侯爵夫人，侯爵夫人得之于一个侍从，侍从得之于一个耶稣会神甫，耶稣会神甫当修士的时候直接得之于哥伦布的一个同伴。

伏尔泰言罢，随即就是一阵开怀大笑，连马克思都听到了这一阵笑声。《马恩全集》第十三卷第四百三十五页记载有马克思耐心描述的一则逸事，说伏尔泰当年有四个敌手，他就在家中喂养了四只猴子，分别取名为那四个敌手的姓氏。马克思说：

这位作家没有一天不亲手喂它们，不赏它们一顿拳脚，不拧它们的耳朵，不用针刺它们的鼻子，不踩它们的尾巴，不给它们戴神甫的高筒帽，不用最难以想象的卑劣方式对待它们。

伏尔泰每年只有一天不笑，那就是圣巴托罗缪之夜。每到这一天，他不仅不笑，而且浑身发烧，大病一场。两百年前的那场宗教屠杀，惨死者达两千多人。巴黎各教堂的狰狞钟声，胡格诺教徒临死前的呼救声，魂牵梦回，声声在耳，使两百年后的伏尔泰辗转反侧，不得安宁。

每到这一天，他给朋友写信，总署上一个怒吼着的名字："écraser L'infâme——踩死败类！"后来干脆缩写为"écr. Linf"，以致有一个拆看他信件的检查官，竟以为这些信的作者确有其人，就叫écr. Linf先生。

伏尔泰的"败类"究竟何指？两百年来一直争论不清。搞历史的人有四种解释：天主教、基督教、所有的宗教、宗教狂热者。大概第四种解释比较可信。伏尔泰内心并不缺乏宗教感情，他排斥的是宗教狂热，不容异端。那才是走火入魔，是一切迫害行为、残忍行为的病根。

为此，他经常放下手头的著述，为街头的宗教迫害奔走呐喊。他为卡拉、西尔文、拉巴尔、康普等一切宗教迫害牺牲者鸣冤叫屈，官司一打就是十年、二十年，亦在所不惜；为此，他痛心启蒙运动内部的分裂，认为外面的宗教迫害断不能演变为同仁间的学术迫害。他和卢梭的争吵是启蒙运动最大的不幸，但到了垂暮之年，他还是向卢梭伸出了宽容之手。他曾同时向七个地点发出邀请，请那个流亡者到他的隐居地来避难。某一天，突然有人诈喊："卢梭来了！"

伏尔泰闻言，掷笔惊叫："这个不幸的人在哪儿？快让他进来！我所有的东西都是他的……"

伏尔泰在笑声中流泪，一生写有十五部悲剧。最使东方人感兴趣的是他的《中国孤儿》，总标题为"五幕孔子伦理剧"。那故事原称"搜孤救孤"，在中国历史上家喻户晓，却被伏尔泰移植为法语演唱，用来宣扬儒教文化中不畏强暴的精神力量，伏尔泰让得胜的成吉思汗向失败的中国士人如此述说：

你把正义和真理都在你一人身上完全表现出来了。打了败仗的人民来统治打了胜仗的君王。忠勇双全的人值得全人类尊敬，从今后我要改用你们的法律！

马克思读过这个剧本，后来总结为"征服者被征服"。伏尔泰如此崇奉这个"征服征服者"的文化，以至二十年如一日始终在室内挂着一幅孔子画像。他认为孔子训导的儒生讲究气节，讲究尊严，还讲究坐怀不乱，道德上远比色黎文人来得清爽。他只有用中国的蓝花瓷碗，才喝得下巴黎送来的咖啡。

不过，他并不同意儒家一味崇古的原教旨主义，更不能想象那个《中国孤儿》可用来夜郎自大。借着与卢梭辩论，他微笑着说出以下意见：

中国在我们基督纪元之前两百年，就建筑了长城，但是它并没有挡住鞑靼人的入侵。中国的长城是恐惧的纪念碑，埃及的金字塔是空虚和迷信的纪念碑。它们证明的是这个民族的极大耐力，而不是卓越才智。

伏尔泰在哪里笑？一直笑到什么时候？一七六○年，"老土匪"在答复别人提问时写道："我在我的隐居地做什么？捧腹大笑；我将要做什么？一直笑到死。"

三十年后，巴黎人补行国葬，迎回了这位一直笑到死的哲人遗骨。塞纳河边，万人空巷。他的心脏被装在一只盒子里，永久存放于国家图书馆。盒子上刻着他生前的一句名言：

> 这里是我的心脏，
> 但到处是我的精神。

从此以后，人们才知道，谁笑到最后，谁笑得最好。

法国人为何把狄德罗称为"叫着的狄德罗"？猜想起来，大概是因为狄德罗在启蒙运动中最早叫出了无神论的口号，而且把这个口号叫得最响，也最为激烈？

在那个时代，人的激进与否，未必如后人想象——不是以政治观点为标准，而是以神学观点为标准。伏尔泰也好，卢梭也罢，对尘世间的权威，一律是说大人，则藐之，碰上一个说一个，毫不留情。但对天国的权威，则是笔下留"神"，至多说到自然神论为止，从未走到无神论的一极。他们反对的是宗教狂热，而不是宗教本身。他们之所以保留宗教，与其说是认同宗教的认知价值，毋宁说是保护宗教能够维系人心的道德功能。在这个意义上，伏尔泰才说："没有上帝，也要创造一个上帝。"谁能料想，就这句话被我们的教科书作者抓住了尾巴，如获至宝，到处引用，非说人家保守，还"代表了大资产阶级的利益"。

唯独狄德罗称心，唯独狄德罗勇敢。他不仅与宗教狂热作战，还直接向宗教本身宣战。《百科全书》中狄德罗写得最多，共计条目一千二百九十六条，凡是能够抨击上帝的地方，他都不放过，竭尽嬉笑怒骂之能事。他在无神论旗帜下召来两个泼辣写手——霍尔巴赫、达兰贝尔，吓跑了伏尔泰，也惹恼了卢梭。狄德罗之所以被捕，不在于他的文字有辱陆军大臣的情妇，而在于他的《给有眼人读的论盲人的书简》触怒了僧俗两界，也触怒了包括启蒙派知识分子在内的法国思想界。无怪乎拉美特利有一次说到，狄德罗只借助一个盲人就开导了整个宇宙，而他自己却被关进了漆黑的监狱。

两百年过去，人是由上帝创造，还是从猿猴演变而来——已成了一个愚蠢的论题，不值一辩。但是，因为真理的事后普及，也可能会造成一个历史前置的错觉：既是如此简单之常识，那么当然是谁叫得最早，谁叫得最好。事实不然，法国革命当年因无神论激烈而出名，也因为无神论激烈而蒙受灾难，付出了过多的代价……

代价之一，是激起了全欧洲的反动。笃信宗教的农民首先从旺岱起事，迅速蔓延至法兰西全境。全欧洲僧俗两界在"圣战"的旗号下扭结起来，向无神论的巴黎宣战！巴黎人坐守孤城，成了"一小撮"，成了"极少数"，成了"过街老鼠，人人喊打"。"老鼠"再革命，"街人"再反动，力量悬殊却是就此铸成，怎么也扳不过来了。

代价之二，是使革命党的革命哲学本身因此扭曲，从扭曲也走向"反动"。大革命摒弃宗教以后，社会动荡，人心道德无所维系。革命党不得不强化道德说教，强化政治与道德的联系。恺撒与耶稣集于一身，反而出现了自己本身极欲反对的专制倾向：政教合一。罗伯斯庇尔说："没有恐怖的美德，是软弱的；没有美德的恐怖，是有害的。"一时传为革命名言，实际上包含着多少无奈，多少尴尬。美德从前以对上帝的敬畏为基础，上帝抽空，美德只能借人们对恐怖的畏惧而行。美德与恐怖结伴，既恶化了政治，也败坏了美德。不道德者，强迫你道德，不自由者，强迫你自由，实际上是制造假道德，伪自由。这与大革命之初衷——人人生而自由——相差何止以道里计？

百般无奈，左右尴尬，罗伯斯庇尔不得不自己穿上了袈裟。一七九四年五月，大革命推倒神龛，又设祭坛——建立最高主宰节，罗伯斯庇尔主祭开教大典。同一年，罗伯斯庇尔开始清算无神论。在一次拿破仑称之为最出色的演讲中，罗伯斯庇尔点出了百科全书派的名字：

这一派人以极大热情传播唯物主义，远远不满足于仅仅摧毁宗教偏见。实用哲学的很大一部分就渊源于此。它把利己主义变成体系，把成功看作正义和非正义的尺度，把世界看作狡猾的骗子手的资产。这一派人包含为数众多的野心勃勃的江湖骗子！

法国革命最热闹的场景，美国人形容为："那全是帆，没有一根锚。"法兰西不是没有维系人心的锚链，那是百科全书派过早过激的宣传斩断了这根锚。千帆竞渡的结果，大革命堤溃水漫，一片汪洋。罗伯斯庇尔恨恨而言，那不是革命，那是"一场国内战争，国际战争，还兼一场宗教战争"。到头来，最激进的革命党，在革命最激进的阶段，不得不反过来啃噬最激进的革命学说——唯物主义无神论，一七九四年的这一幕，不仅令狄德罗难堪，也令后世一切跟着叫的教科书作者难堪。由此看来，伏尔泰说的"没有上帝，也要创造一个上帝"，虽然刻薄，不也道出了几分大革命运行轨迹的客观必然？至于这个"湖边的老土匪"所说——谁笑到最后，谁笑得最好，那更是至理名言。能不能类此推出狄德罗的逻辑呢？——谁叫得最早，谁叫得最好？那就不是逻辑了，那是狄德罗的教训，那是狄德罗的遗憾。

一谈到卢梭，感觉大变。是贬？是抑？是厌？是喜？——都不能达意。谈伏尔泰时的轻松，谈狄德罗时的讥诮，是怎么也保持不住了。

谈点卢梭与启蒙运动的分裂吧。

伏尔泰曾挖苦过卢梭："读尊著，使人渴慕四脚爬行。"狄德罗曾抱怨他的"每一个思想，都受到了卢梭的干扰"，说他们这群人与卢梭的分裂，"是天堂与地狱的分裂"。

是什么样的分裂，使得这群人坐立不安，恨声不绝呢？

分裂之一，是卢梭的历史哲学：他控诉文明进步的罪恶。这是最触犯启蒙学派忌讳的地方。启蒙的旗帜是"理性"，启蒙的基石是"进步"。而卢梭却在森林中徘徊沉思，忽如狼嚎般狂吼："文明是道德的沦丧，理性是感性的压抑，进步是人与自然的背离，历史的正线上升，必伴有负线的倒退，负线的堕落……"

分裂之二，是卢梭的政治哲学：洛克算老几？英国代议制又是什么东西？殊不知他卢梭痛诋之物，恰是老伏尔泰最心爱的东西。伏尔泰终生不渝，信奉的就是洛克思想，英国制度。卢梭却从本土笛卡儿那儿借得一块先验论资源，独辟出大陆一派政治哲学：以第一原理演证政府与社会来源于一纸契约，既如此，有履约者悔约，就有订约者毁约。于是，革命有理，造反无罪，老百姓就有了起义权、弑君权、推翻政府权、再订契约权等等。

分歧之三，是卢梭的社会哲学：老伏尔泰风度翩翩，出入于上流客厅；小卢梭则是风尘满面，仆仆于街头鼓动。伏尔泰欣赏有教养者的清明理性，那才是社会稳定的柱石；卢梭则鼓噪无套裤汉的汹汹怒气，街头自有活水来，有道德，有激情，方能荡涤上流社会的污泥浊水……

法国大革命失败，启蒙运动灰飞烟灭。卢梭哲学成了下一个世纪、再下一个世纪的百年笑柄。

十九世纪的德国历史主义学派敲打着卢梭的庐墓，笃笃有声："拿出考古证据来，证明你的社会契约来源于远古时分，有一群人对另一群人的书面合同！"

二十世纪的英国分析哲学则指着希特勒的肖像，数典骂祖："从雅各宾专政到冲锋队运动，历史上举凡浪漫主义的精神狂热，哪一样找不到他卢梭思想的罪孽？"

人们把法国革命的恐怖，归咎于卢梭；把两百年来旧大陆起义成瘾，革命成疯，也归因于卢梭，归因于狂想乌托邦，说大陆学派是潘多拉的盒子。

耳闻身后骂声不绝，小卢梭冥府垂泪，当该继续哭诉；老伏翁则应称心如意，捻髯含笑了。可是，如果让另外一群哲学家比如康德，比如罗尔斯，比如韦伯，来作评判，又该作何感想呢？

康德说：我没有激情，却能掂量卢梭的分量。我的客厅从来只挂牛顿和卢梭的画像。牛顿指向理性数轴的无穷大，卢梭则指向同一根数轴的相反方向。你们都说，学哲学者必先通过我康德这座桥，你们知道不知道，我康德首先通过了卢梭这座桥？

罗尔斯说：我积二十年心力，写成《正义论》一书，本世纪七十年代方才出版。我没有改换卢梭政治哲学，只是移动了一下它的立论基础，从杜撰一场远古契约移到了严密的逻辑论证。假设也有一道无知之幕（the veil of ignorance）从头罩下，社会中人谁也不知道自己在既存秩序中是受害还是得益，人们的选择将会怎样？我以数学方程演证出的模式，恰与卢梭当年用契约合同推测的结论相合：人们将不约而同，奔向卢梭那把大镐，刨出社会老根，刨出一块价值重建的空白起点。

卢梭以激情见长，他的契约论是诗；我以冷静著称，我的正义论是数学，想不到诗的语言和数学的结论竟不谋而合。由此可见，以法国革命成败论卢梭、伏尔泰之成败，以欧洲两百年历史成败论大陆、英美学派之成败，是否为时尚早？

韦伯说：经验论、英美派根在历史，或可称为工具理性。先验论、大陆派根在逻辑，或可称为价值理性。可悲的是，人类理性有两股源头，社会发展却只有一条河床。当两条大河争夺一条河床时，或是江河改道，或是江河横溢，人或为鱼鳖——这就是法国革命式的悲剧。这样的悲剧当然不该重演了。但是，人类切不断历史，也离不开逻辑。前者是长度，累计人类历史之渊源；后者是宽幅，测量人类自由意志之探险，人类精神借此获得二维空间。若要进入三维空间，向第三维——高度飞跃，必需历史与逻辑的共同扶持：历史作轮，提供足够的滑行速度，逻辑作翼，提供应有的起飞升力……

必作如是观，我们方能理解老黑格尔在启蒙运动之后的殚精竭虑：他为何提出人类史当是一部从必然王国向自由王国的飞跃史？他为何留下那句睿智无比的格言："凡是存在的，都是合理的；凡是合理的，都是存在的"？他的这句格言如今已被用糟用滥。其实黑格尔本意，有着当时具体的针对性，是站在第三维高度上发言，凝结着他综合启蒙运动分裂，综合大陆、英美思潮分野的良苦用心：前一半总结的是经验论、工具理性、英美学派、伏尔泰，后一半总结的是先验论、价值理性、大陆学派、卢梭。也就是说，你卢梭喝令江河改道，要出大乱子，你伏尔泰占着河床不放，一水独霸，到头来也会水源枯竭，河底焦裂。你们两者齐力，一边拓宽河道，另一边疏浚淤泥，两河并作一水流，方能双源并下，交汇聚合，融入壮阔之海洋。

事实不也确然如此？

（本文发表于《读书》一九九一年第十一期）

两个世界的英雄——托马斯·潘恩

　　人们常说，十八世纪末的拉法耶特是"两个世界的英雄"，却遗忘了那个时代更有资格获得这一称号的民主战士——托马斯·潘恩。拉法耶特执剑，潘恩执笔。前者之剑只能连接美国革命、法国革命新旧大陆两个战场，却不能揭示那两场革命之间的内在联系。后者之笔不仅揭示了它们之间的联系，而且对那两场革命据以进行的近代政治学说做出了重大贡献。潘恩之笔走在了拉法耶特之剑的前面。但是，潘恩的命运——无论是个人生涯还是历史地位——却远不能和拉法耶特等人相比。拉法耶特生前就赢得极高声誉，遍受欧洲各国首都的欢迎。潘恩生前却饱受磨难。他被柏克诬蔑，受庇特审判，又被罗伯斯庇尔逮捕入狱。最后，还饱受华盛顿忘恩负义见死不救之害。他遭旧封建宫廷追捕，并不奇怪，可悲的是，他还被新执政党人打击，而那些新执政党人不久前都还是他的同志。他以世界公民自命，在英、法、美三国鼓动革命，结果却颠沛流离，不得其所——其遭遇之惨，只有卢梭才能与之相匹。即使如此，卢梭尚有死后哀荣，远胜于他。没有一个人在他那个时代参与了那么多的重大事件，没有一个人的作品在他那个时代赢得过那么多的读者，但也没有一个人像他那样被同时代人遗忘得那样快，以至连遗骸都下落不明，至今无人知晓。

一

一七三七年一月二十九日，托马斯·潘恩（Thomas Paine）生于英国诺福克郡塞特福德一个穷苦的胸衣匠人家庭。他幼年失学，曾相继当过店员、胸衣匠、教员和税吏，屡遭失业和饥饿的威胁。他两度结婚，结局都很悲惨：一次悼亡，一次离异。在《常识》发表之前，他一直把自己的姓写成"Pain"（痛苦），以示对英国社会的抗议。

一七七四年他组织了一次下级税吏要求增加工资的请愿。在伦敦向议会请愿时期，他与北美殖民地驻伦敦代表富兰克林结识。后者赞赏他是个"有独创精神的高尚青年"。请愿失败后，潘恩被英王政府解雇。这年十月，他带着"富人的财产就是另一些人的灾难"这一结论，离开了日益仇恨的英国，流亡北美。抵美后，他凭借富兰克林的推荐信，很快找到了职业。

一七七四年十一月至一七七六年五月，潘恩在费城任《宾夕法尼亚》杂志编辑。一七七五年三月八日，他发表《在美洲的非洲奴隶》一文，抨击对黑人的奴役是"谋杀、抢劫、淫恶和野蛮"的行为,呼吁北美人"以沉痛和憎恶的心情立即停止并废除这一制度"[1]。历史学家们考定,这是北美土地上反对奴隶制的最早也是最杰出的文献之一。宾州的废奴主义者为他的文章所鼓舞,几个星期后,组成"美洲废奴协会"——北美有史以来的第一个废奴组织。潘恩成为其当然成员。

潘恩抵美后,北美事件逐步走向武装抗英的高潮。但是,当时的北美人并未下决心独立。"国王仁慈,议会暴虐"的看法不仅在民间,甚至在军队中都很普遍。一七七四年九月第一届大陆会议的宣言犹在宣称完全忠于王室,依附大不列颠:"有人告诉你们,说我们是好乱的、不满政府和希望独立的,请相信,这些都不是事实……只要我们再回到上次战争(指英法七年战争)结束时所处的地位,我们之间的和谐就能恢复如初。"[2]迟至一七七六年一月,在华盛顿坐首席的军官餐厅里,每天晚上都要为英王的健康干杯。对大多数北美人来说,这时从母国独立出去,建立共和国,无异于让历史上那些混乱、灭亡的惨剧在北美重演——远如古罗马,近如波兰,当然是不能接受的。只有少数先进分子如本杰明·罗什、约翰·亚当斯等人看到了战争的前景是独立,独立的前景是共和。但他们

[1] P. S. 方纳:《托马斯·潘恩全集》,纽约一九四五年版,第二卷第18—19页。
[2] 转引自哈第:《美国第一次革命》,三联书店一九五五年版,第73页。

为种种现实利益所限，又不敢公开呼吁。可是战争却在每天每夜、每时每刻地进行着，因此就出现了一个十分奇特的局面：战争在持续，但战争的前景却模糊不清。可以这样说，这时的北美大陆只有战争，没有革命。战争是在潘恩的《常识》发表以后，才获得近代意义的革命内容和划时代的历史地位的。

一七七六年一月十日，潘恩在罗什等人的鼓动下，匿名发表他那篇惊骇世俗的小册子。在这本不过五十页的小册子中，他宣称这些真理如常识一样自然可信：

一、"乔治三世只不过是大不列颠皇家畜生"，他是北美事件的首恶之源。英国王室并不神圣，因为据英伦三岛征服史记载，英王的"始祖是某一伙不逞之徒中的作恶多端的魁首"。

二、"和解与毁灭密切相关"，独立才是唯一的出路。"英国属于欧洲，北美属于它本身"，"现在是分手的时候了"。

三、独立之后，实行共和政体，而不是恢复英国留下的制度。"让我们为宪章加冕，北美的法律就是国王"，"推翻国王这一称号，把它分散给有权享受这种称号的人民"。"只要我们能够把一个国家的政权形式，一个与众不同的独立的政体留给后代，花任何代价来换取都是便宜的。"

《常识》一出，振聋发聩，犹如划破黑夜的枪声。不出三个月，发行十二万册。总销售量达五十万册[1]。当时

[1] P. S. 方纳：《托马斯·潘恩全集》，第二卷《导言》第9页。

两百万北美居民中几乎每一个成年男子都读过或者听过别人谈这本小册子。《常识》流传之广，今天的读者难以想象。当时在许多乡村茅舍，如有幸拥有一本藏书，那自然是《圣经》，可是如果拥有第二本，那就是《常识》。在许多大陆军士兵的背囊中，都有一本读得皱巴巴的《常识》。一家英国报纸惊叹："《常识》无人不读。凡读过这本书的人都改变了态度，哪怕是一小时之前，他还是一个强烈反对独立思想的人。"华盛顿曾承认这本书在"很多人心里，包括他自己在内，引起了一种巨大的变化"[1]。《常识》一书还为《独立宣言》铺平了道路。历史学家们发现，在《独立宣言》中强调的那些民主原则早已被《常识》以更酣畅淋漓的语调阐述过。《独立宣言》的那位作者也曾坦率承认，他引用过《常识》，并对此"引以为荣"。

《常识》一书推动北美人民走上公开独立道路的历史意义不可估量，毋庸置疑。时过两百多年，历史学家仍在称赞这本书："一七七六年《常识》一书把国王和议会的权威撕成了碎片，……从那以来，除《汤姆叔叔的小屋》外，在美国，再也没有一个出版物曾发生那样巨大的反响。"[2]但是，《常识》赢得的评价大都集中在它鼓吹独立的作用上，这就掩盖了一个更为重要的方面：它在北美大陆首倡共和的重大意义。而忽视了这一方面，就违背了作

---

[1] P. S. 方纳：《华盛顿选集》，商务印书馆一九六〇年版，第20页。
[2] A. M. 施莱辛格：《民族的诞生》，波士顿一九六八年版，第176页。

者的本意。

人们应该体会《常识》一书为什么以那样的形式开头，它并不是具体评论北美与母国的关系，而是分析人类组建政府的各项原则，攻击包括英国制度在内的各种君权制、世袭制。潘恩一再强调：《常识》中有关共和政体的观点要比呼吁独立的那些论述更有价值。他后来写道，"美国的独立如果不曾伴随一场对政府的原则和实践的革命，而单从它脱离英国这一点来考虑，那就微不足道"[1]，"我本人对它就不会有这样经久不息的热情。独立之后，继续前进，建立具有示范意义的政治制度——才是我写作时考虑的首要原则"[2]。

北美斗争波峰相逐，内在逻辑经历有经济斗争、民族斗争和民主革命三个阶段。纠纷初起，北美人的口号仅是："无代表不能征税！"他们要求的是在大不列颠内的参政权，以保护殖民地的经济利益。一七七五年三月，帕特里克·亨利发表那篇著名的演说，发出"不自由，毋宁死"的誓言，北美人民才意识到经济冲突之外，还有更难调和的民族矛盾。不久，莱克星顿的枪声打响，北美人民以"不自由，毋宁死"的口号，进入争取民族解放的第二阶段。但是，第二阶段并不是最高阶段。这时，北美人民的民族意识刚刚觉醒，尚摇摆不定，近代意义的民主革命要求则更加淡薄。如果北美斗争停留在这一阶段，尽管最

[1] 马清槐等译：《潘恩选集》，商务印书馆一九八一年版，第225—226页。
[2] E. 方纳：《托马斯·潘恩和美国革命》，纽约一九七六年版，第75页。

终还会取胜，但结局很可能是：赶走了英国总督，民族独立，却恢复英国式的君主立宪政体。就在这时，一七七六年一月，潘恩的《常识》出版。他不仅呼吁独立，而且还喊出了共和的新口号："让我们为宪章加冕，北美的法律就是国王！"以这一口号为标志，独立战争的内涵获得了崭新的含义。北美人民从此意识到肩负的历史使命：他们不仅仅是为十三州本土而战，而是为开创近代民主制——共和政体而战，为开辟资产阶级民主革命的新时代而战。这样，长期纠缠不清的独立是否合法、共和是否可取的论争就此结束，战争的前景迅速廓清，北美斗争上升到第三阶段——资产阶级民主革命这一最高阶段。

潘恩把独立和共和联系在一起，把一个区域性的民族战争和资产阶级政治制度史上的共和时代联系在一起，把北美斗争推上了那个时代的最高峰，为后来的法国革命奠定了实践典范——这才是他发表《常识》一书所获得的最重要的历史功绩。这一功绩是同时代其他任何政治家、思想家都难以比拟的。

《常识》出版后，潘恩投笔从戎，加入格林将军的志愿部队，上前线作战。一七七六年八月，英军在长岛登陆，继而占领纽约。美军一退再退，士气低落，纪律溃坏，几至瓦解。战局危急，民族垂危，潘恩应华盛顿请求，又一次拿起了他的利笔。他在行军旅次中，以《美国危机》为题，连续写作多篇战斗檄文，鼓舞士气。以下这些激动人心的词句，就是他屈着膝盖在一面行军鼓上写就的：

108

这是磨炼人的灵魂的时候，能共享安乐，而不可共患难的人，在这场危机中将在为国服务中退缩，可是现在能够抗住的人，应该受到男男女女的热爱和感谢。暴政同地狱一样是不容易征服的。但我们可以此安慰自己：斗争越艰苦，得来的胜利越光荣；得来的胜利越便宜，赢得的尊敬就越小。[1]

华盛顿命令：集合全体官兵，向他们宣读这篇文章。一七七六年圣诞之夜，在潘恩檄文的激励下，美军一鼓作气，连夜渡河作战，取得了特仑屯战役的辉煌胜利。

一七七七年，潘恩被任命为大陆会议外交事务委员会秘书。在那里，他与美国驻法商务代表塞拉斯·迪安等人发生冲突。他不能容忍那些人利用法国援助假公营私的行径。一七七八年十二月四日，他在报上公开揭露迪安谋取十万厘私利的丑闻，引起轩然大波。大陆会议的某些当权者公开表示对潘恩的不满。保守派首脑古尔诺·摩里斯在大陆会议上说，外交委员会秘书一职根本不应掌握在"从英国来的一个纯粹的冒险家，一个既没有财产，又没有家庭和亲戚，甚至连语法都不懂的人"手里[2]。次年二月，法国驻北美使节向大陆会议递交抗议书，抗议潘恩

[1] 《美国危机》(第一篇)，见《托马斯·潘恩全集》，第一卷第49页。
[2] W.E.伍德沃德：《托马斯·潘恩：美国革命的教父》，纽约一九四五年版，第251页。

暴露了法国军援的秘密，要求大陆会议"对目前的状况采取合适的措施"。国会为此辩论不息，风波持续了一年多。一七七九年二月九日，潘恩被迫提出辞呈。在辞呈中，他悲愤地说："我并未辜负信任，因为我所从事的一切都是忠诚于公众利益。我并未泄密，因为我并未说出什么我认为称得上是秘密的东西。我确信迪安犯有罪恶，我唯愿自己已克尽职守。"[1]

迪安事件是潘恩在美国命运的转折点。在这之后，他的信誉遭到极大打击，总是处在谣言包围之中，再也难以恢复《常识》出版时所获得的崇高地位。美国上层社会讥笑说："他升起像一支火箭，坠落如一根拐杖。"

北美战争结束后，出身低微的潘恩更受排挤。他为这个国家预言了足够它几代人实践并为之感激的真理——从共和政体到外交中立，从中央银行到邦权至上，直至美国国名"united states"，这时却成了一个可怜巴巴的失业游民。一七八三年十一月，他投书纽约州议会说："我不谙经商，亦无地产。我从另一个国家流亡出来后，并未置办另一份家业。有时我不禁自问，我比一个难民究竟好多少？最可悲的是，我这个难民曾为这个国家竭忠尽智，却得不到一丝好报。"[2]经他抗议，国会才同意给他一笔补贴，又经过两年多反复辩论，国会才确定补贴金额为三千美元。

[1] P. S. 方纳：《托马斯·潘恩全集》，第二卷第 1106 页。
[2] D. F. 霍克：《潘恩》，纽约一九七四年版，第 124 页。

潘恩以此款在纽约市郊的新罗歇尔购买了一座庄园。

像启蒙时代的其他优秀人物一样，潘恩既有民主献身的热情，又有沉迷于科学实验的嗜好。因为他们都认为若要拯救人类摆脱愚昧，民主和科学缺一不可。潘恩曾发明、设计过一连串东西，从刨床、轻型起重机到车厢轮子、无烟蜡烛。有一次富兰克林对他说："对于闲暇者，有书籍；对于伟人，有大厦；对于教士，有教堂；对于普通老百姓，却没有人为他们建筑桥梁。"[1] 于是潘恩发奋制作铁桥，以取代不能经受冰凌冲击的木桥，解决凌汛期间民间的舟楫之困。在美国革命和法国革命之间的短暂间隙里，他设计了一座铁桥模型，先在富兰克林家的花园展出，后拿到巴黎、伦敦展览。他对这座铁桥充满柔情，称它为《常识》之子"；十三根弯梁撑起一座单拱桥身，他说，这是对十三州组建合众国的纪念[2]。

二

在英国，他的铁桥模型和建桥计划曾一度受到辉格党领袖柏克的欢迎。在法国，他自豪地写信给华盛顿说："我已建造了一座跨距一百一十英尺的单拱铁桥，拱顶离

[1] D. F. 霍克：《潘恩》，第 124 页。

[2] A. O. 奥尔德里奇：《理性之士——托马斯·潘恩的一生》，伦敦一九六〇年版，第 10 页。

水面五英尺高。"为了留在欧洲建造他那心爱的铁桥,他不惜放弃了一个可以回美洲大陆大出风头的机会:受拉法耶特之托,横渡大西洋,把法国革命的圣物——打开巴士底狱的钥匙转交给华盛顿。

但是,当柏克起而攻击法国革命时,潘恩却毫不犹豫地放弃了铁桥和友谊,重回政坛,奋起迎战。一七九一年三月,他在伦敦出版《人权论》,激烈抨击柏克的《法国革命感言录》,引起海峡两岸舆论界的轰动。

《人权论》一书是潘恩对法国大革命的最大贡献,也是他一生中最重要的著作。

《人权论》的可贵之处在于,它并没有局限于逐条批驳柏克的论点,而是把英国十七世纪革命和美国、法国的十八世纪革命相比,强调美国革命和法国革命的先进性,以及这两场革命之间的内在的血缘联系,鞭笞英国革命,尤其是一六八八年光荣革命的保守性。他使读者看到,他和柏克的分歧,不是两个人的论争,而是美国革命、法国革命的对话,是人权与君权的对话,是生者与死者的对话,是十八世纪与十七世纪的对话。他不是一般地阐述法国革命的合理性,而是在一个比柏克视野远为广阔的背景上,突出勾勒法国革命的划时代意义。

《人权论》的可贵之处还在于,它冲破了当时笼罩于整个西方先进思想界对英国君主立宪政体的迷信,深入骨髓地批判了这一政体,给当时还处于摸索状态的法国革命指明了共和主义的崭新方向。在这之前,法国启蒙思想的

112

泰斗伏尔泰、孟德斯鸠、狄德罗等一直在教诲人民追随英国榜样。卢梭虽然提出了共和制理想，但由于他片面否定代议制，崇尚直接民主制，结果，却把这一理想封闭在小国寡民的范围内，封死了在大国范围内加以实现的可能。《人权论》一书超越了他们的这些局限。它在批判英国政体之后，向法国人民详细解释了美国共和政体试验成功的经验，即抛弃卢梭的直接民主制的幻想，"把代议制同民主制结合起来，获得一种能容纳和联合一切不同利益和不同大小的领土与不同数量的人口的政府体制"——近代共和政体。潘恩说，这一政体已在比英国本土大十倍的美国试验成功，法国人没有必要继续犹豫观望了。他们既不必迷信英国政体，也不必为卢梭式的难题所困惑，应该起而仿效美国，建立大国共和政体！

《人权论》一书在法国激起的反响一如当年《常识》在美国激起的反响。各种政治性俱乐部以自己的经费在穷人中散发了三千余册。罗伯斯庇尔在他自己创办的政治刊物《宪章捍卫者》一七九二年六月号摘要转载了《人权论》，热情称赞潘恩"是一个人类权力最雄辩的辩护者"[1]。一七九二年八月二十六日，法国议会授予潘恩荣誉国籍。紧接着，加莱、索姆、多姆和瓦兹四郡不约而同都选举潘恩为他们在国民公会中的代表。加莱还特意派了一位官员去英国通知这位外籍议员已光荣当选，并写信相邀，热烈

[1] A. O. 奥尔德里奇：《理性之士——托马斯·潘恩的一生》，第113页。

呼唤这个"人民之友"去和他们一起共图大举。后来的史实证明,《人权论》对法国革命转变方向起了巨大作用。

《人权论》出版,对英国思想界的意义难以估量。一位西方学者认为:"发生在柏克和潘恩之间的这场大辩论,可能是英国历史上曾经发生过的意识形态论战中最有决定意义的一场论战。"[1] 到一七九三年年底,《人权论》已销售或免费散发了大约二十万份。[2] 以持论严谨著称的英国《年鉴》杂志也承认:"对这本书的热情是无法形容的。它被中产阶级和下层阶级阅读,特别是在那些大工业城市,无论是英格兰还是苏格兰都是如此。"[3] 在谢菲尔德,磨刀匠用下列新词填进国歌,走街串巷吟唱:

上帝保佑伟大的托马斯·潘恩,他的《人权论》照亮了每一个人的灵魂。他使盲人看清了被愚弄、被奴役的命运。他给全世界指明了自由之神。[4]

《人权论》及其影响激怒了庇特内阁。英国绅士百年来视若圭臬的改良主义政治体制和历史传统受到一个来自底层社会的思想家公然挑战,庇特不能坐视,他说:

---

[1] A. O. 奥尔德里奇:《理性之士——托马斯·潘恩的一生》,第 136 页。
[2] E. P. 汤姆逊:《英国工人阶级的形成》,伦敦一九六三年版,第 93—94 页。
[3] E. 方纳:《托马斯·潘恩和美国革命》,第 219 页。
[4] 同上书,第 224 页。

"若放纵潘恩的主张，我们必将有一场流血的革命。"[1]一七九二年六月八日，英国政府指控潘恩犯有煽动叛乱罪。不久，英伦三岛出现官方煽起的反潘恩狂潮，街上开始烧毁潘恩的模拟像。潘恩临危不惧，凡有暴徒集会，他都免费寄去几百本《人权论》，附一份书面发言。法国九月三日大屠杀消息传来，英国托利党人的反应越见猖狂。九月十三日，友人获悉警方的密谋，劝说潘恩立即逃亡，否则便有杀身之祸。潘恩初意不走，经从法国加莱来的那位官员恳劝，方同意连夜流亡法国。在伦敦，他逃脱追捕，只差几个小时。在多佛尔海关，只差二十分钟。

三

英法两国判若两个世界。九月十三日，当潘恩乘坐的邮船进入法国加莱港口时，军舰上礼炮齐鸣，沿岸爆发一片欢呼声。当加莱的这位议员踏上法国国土时，士兵夹道欢迎，淑女上前献词，官员和他拥抱，市民则冒雨迎立在街道两侧，高呼："潘恩万岁！"九月十九日，潘恩抵达巴黎。二十日晚，进入法国议会。所到之处，那种法国式的亲吻和拥抱总是如潮涌来，把这个年过半百的老人弄得疲惫不堪。十月十一日，国民公会选举组成起草新宪法的

---

[1]《大英百科全书》，伦敦一九五七年版，第十七卷第33页。

九人小组，潘恩得票第二，光荣入选。从此，他卷入了法国革命的政治中心。

可是后来发生的事情远超出法国人之意料，亦为潘恩本人所始料不及。在革命初期，潘恩尚发生过很大影响。他上一次在巴黎旅居时就曾参与起草了《人权宣言》。经他修改，《人权宣言》增加了美国革命为之奋斗的经济自由、财产权不受限制的思想，与《独立宣言》遥相呼应。这一次起草一七九三年宪法，他至少提供有四十五页用英文写就的材料。他对丹敦说，采纳这一方案后，法国应该成为欧洲的代言人，"她应该为所有民族讲话，而不仅仅是为了自己"[1]。

然而，随着革命愈演愈烈，潘恩与雅各宾派之间出现了隔阂。潘恩不谙法语，很难走出上层去和法国百姓直接交往。革命上层中能说英语的法国人大多是吉伦特派，这些人早年往往参加过北美独立战争，在那个战场上就与潘恩结有情谊，而雅各宾派则多是一些土气十足的外省人，既不会说英语，又不关心世界革命，自然不易与潘恩交结。这样，潘恩在法国的朋友就大多为布里索、佩蒂翁、罗兰夫妇这些吉伦特派领袖。潘恩之所以与他们亲密，不仅仅是因为口语相通，还因为他们在世界革命、博爱主义、共和主义和自由放任主义方面有一系列政治上的共同语言。而对这些，雅各宾派不是冷眼旁观，就是持反对

---

[1] A.O.奥尔德里奇：《理性之士——托马斯·潘恩的一生》，第176页。

态度。

　　潘恩对国王审判案的态度，尤使雅各宾派难堪。他以美国人的身份不忘前情，继续感激路易十六对北美战争的慷慨援助。他反驳柏克时，就颂扬过法国革命的高尚之处不在于与一个国王作对，而是与产生国王的那种制度作战。所以，他希望法国革命能像美国革命那样，原则尽管彻底，行动却保持温和，少给欧洲众王室留下报复的借口。潘恩认为国王早该废黜，昏君通敌亦必须惩办，但只宜流放，不宜处死，他担心处死国王一要伤害美国盟友的感情，二要激起欧洲王室的联合干涉。一七九三年一月十五日，他在国民公会中公开投票反对处死国王。

　　潘恩执意认为法国革命是"美国原则移植到欧洲的第一批丰硕成果"。他坚信"正是美国的理想打开了巴士底狱之门"[1]。这一独特的认识角度，使他能超脱法国革命中激烈的竞争偏见，富有旁观之明。反过来，却也使他难以理解产生雅各宾专政的法国特殊国情，更不能同情罗伯斯庇尔那一派人在大风大浪中掌权的艰难处境，继国王问题之后，他在法制溃坏、限价风潮等问题上，又和雅各宾派发生争执。他提出了很多稳健观点，在后世历史学家看来十分可取，但在当时政治家看来却断难实行，故而都被拒绝了。罗伯斯庇尔那一端最初对潘恩也有误解。他被《人权论》倾倒，以为能写出这样激烈的小册子的作者理所当

───────────────

[1]　P. S. 方纳：《托马斯·潘恩全集》，第二卷第1302页。

然是自己的同道。可是不出两年，他就发现《人权论》的作者原来并不是一个无套裤汉，结果大失所望，掉头而去。雅各宾派素不以宽容精神著称，那时在这一派人中流传的口号是："要么是我的兄弟，要么就死去。"对他们来说，从欢迎一个人到猜忌这个人，然后再激变为打击、迫害这个人，并不需要多长时间，更何况潘恩作为理想主义者，轻易不愿放弃自己的见解。如此两相抵牾，形势急转直下。

一七九三年春相继发生马拉受审案和米兰达诬陷案，潘恩都出庭做证。他在后一案中为米兰达洗冤，与吉伦特派相合；在前一案中当众抖落马拉的隐私，深深激恼雅各宾派。六月，雅各宾派正式执政。潘恩当年的朋友非逃即亡，他本人在一七九三年宪法中的思想主张被无情删除，他悲叹："共和国死了。"同年十月，潘恩的名字上了黑名单。十一月二十五日，罗伯斯庇尔公布取缔外籍议员的法令，潘恩被逐出国民公会。十二月二十八日深夜，潘恩锒铛入狱。

罗伯斯庇尔死后，人们在他的文件中发现有一份亲笔短简："为了美国的利益，同样也为了法国的利益，要求通过一项对托马斯·潘恩起诉的法令。"[1]

潘恩在这个他所颂扬的革命圣地系狱达十个月之久。具有讽刺意味的是，这时在海峡彼岸，英国政府正在对他和《人权论》进行缺席审判。与雅各宾党人的猜度成反比，潘恩被英国保守党用歌曲谩骂，骂他是个雅各宾

---

[1]　A. O. 奥尔德里奇：《理性之士——托马斯·潘恩的一生》，第205页。

党人！有人编排了一个历史上最可恶者的名单，从恺撒开始，以潘恩结束。缺席审判的结果是：潘恩为非法之人，从此不受法律保护；《人权论》被全部查禁。潘恩为了法国，永远失去了回归故土的权利。

在狱中，他历尽磨难，九死一生。由于意外的奇缘，他才逃脱了断头台，却又差点死于病魔之手。即使如此，他还是坚持写作《理性时代》（第二部分）——有关宗教问题的另一本重要著作。因为其中的激进观点，他后来在美国吃尽苦头。一七九四年一月二十七日，他在该书扉页上赫然写道："我一向极力主张人人有保持他的意见的权利，不管他的意见如何与我不同。凡是否认别人有这种权利的人，会使他自己成为现有意见的奴隶，因为他自己排除了改变意见的权利。"[1]美国公使莫里斯写信给国务卿杰弗逊说："他在狱中以著书反对耶稣自娱。我倾向于认为，他在狱中如果安分守己，或许能有幸被人遗忘。他若引人过多注意，那把早就悬在他头上的利斧就会落下来了。"[2]

如果不是莫里斯作梗，潘恩本来是可以出狱的。当时潘恩曾向美国求援，要求证实他有美国国籍。否则，雅各宾党既可以他的出身把他说成英国敌侨，亦可凭他曾被授予法国荣誉国籍一事，把他当成国内敌党。无论是敌侨，

---

[1] 马清槐等译：《潘恩选集》，第 347 页。
[2] W.E. 伍德沃德：《托马斯·潘恩：美国革命的教父》，第 226 页。

还是敌党，都难逃一死。莫里斯因前述迪安事件与潘恩失和，这时乘机报复，拒绝证明他有美国国籍。华盛顿正暗中与英国商谈杰伊条约，不想因为潘恩开罪英国，竟也袖手旁观，故作沉默。这时的潘恩真成了"法外之人"。他的朋友见死不救，他的敌人幸灾乐祸。美国曾授予他国籍，拒绝证明；英国取消了他的国籍，却巴不得他被认为是个英国人而被处死；法国仅授予过荣誉国籍，却正好借此罗织罪名。他参加过或鼓动过三个国家的革命，三个国家同时抛弃了他。

四

一七九四年八月，门罗取代莫里斯，出使法国。这位后来以"门罗主义"出名的大使比他的前任多一副侠义心肠。他惊讶地获悉潘恩还在狱中，于是四处奔走，火速营救，一七九四年十一月七日，在门罗多方斡旋之后，潘恩终于获释出狱。他在门罗夫妇悉心护理下，经过两个多月的休养，才恢复了健康。

潘恩死里逃生，对法国人却从未口出恶言。但他永远不能原谅华盛顿。华盛顿逝世后，潘恩听说要为他竖立雕像，曾给受命雕塑的艺术家写道：

把最冷最硬的石头采出矿坑，
无须加工：它就是华盛顿。

你若雕琢，可留下粗陋的刀痕，

在他心窝镌刻——忘义负恩。[1]

潘恩出狱后，拿破仑曾访问过他。一七九七年秋天，拿破仑告诉潘恩：在他的枕下总有一本《人权论》，每晚睡前必读。他也曾宴请过潘恩。席间，他说："世界上每一座城市都应为潘恩竖立起一座金质雕像。"[2]但在拿破仑执政后，他与潘恩的关系迅速冷却下来，因为潘恩厌弃一切类型的个人独裁和残忍行为，拒绝与他合作。

从督政府到执政府，潘恩曾多次表露出一个世界公民的超脱本色。他本不是一个吉伦特党，更不是一个雅各宾派，这时，也不是一个热月党人。他只是个不讨任何执政党喜欢的理想主义者。一七九五年七月七日，他出狱后第一次出席国民公会，就单枪匹马地向一七九五年宪法挑战，他斥责这部宪法放弃普选权，规定对选择权的财产资格限制，是背叛了革命的初衷。他还在议会外散发小册子，鼓动法国人抵制这部宪法。为此，他又一次丢掉了议员职位。而雅各宾派的残余势力这时对这部宪法只不过作了些模糊软弱的反抗。

一七九五年宪法公布后，潘恩和巴贝夫几乎同时产生了这一感觉：只要经济上的不平等现象还占统治地位，就

---

[1] D. F. 霍克：《潘恩》，第 315 页。

[2] A. O. 奥尔德里奇：《理性之士——托马斯·潘恩的一生》，第 267 页。

谈不上什么政治平等。从这一点出发，巴贝夫走向武装起义，潘恩则抓起笔书写他的第一本经济学著作——《土地正义论》。他在书中呼吁实行土地改革。他的土改计划，简略地说，就是凡有土地者都把土地捐赠给一个基金会，然后再从这一基金会领取少许现金补贴，作为他捐地义举的报偿。潘恩设想，社会借此能逐步废除土地私有制以及一切建立其上的经济、政治不平等现象，同时，还能避免巴贝夫式暴力剥夺带来的流血和动乱。这一计划今天看来不免浅稚，但在当时却是一切社会主义者都倾心向往的改革设想。它足以说明这位年过六旬的老人，晚年思想并未失去活力，还在苦苦探索理想的社会蓝图。为此，不惜向空想社会主义思想体系滑动。

一八〇一年，杰弗逊就任美国总统。潘恩害起了思乡病，日甚一日地盼望返回美国。他对来访者说，他已重操旧业，搞起了科学实验。新近发明有一种新式车轮，准备将它和当年的铁桥模型一起带回美国。

一八〇二年九月，他应杰弗逊之邀，回到他精神上的故乡——美国。从他登陆那天起，他就发现回来的不是时候。他正碰在美国革命后宗教复兴的势头上，他那本《理性时代》给他带来了严重后果。联邦党人群起反对他的到来，说他是个"无神论者"，还把他和杰弗逊并称为一对"汤姆"。萨缪尔·亚当斯以新英格兰全体人民的名义恳求他不要再扰乱人心。他彬彬有礼地致书潘恩："值此敦促联合维持和平之际，阁下是否还有意于重煽争辩之恶火？"[1]邀他回国的杰弗逊这时正为竞选总统苦苦奋斗，为了避嫌，不得不开始回避潘恩，甚至拒绝他在政府中担任公职的请求。最使他寒心的是费城的本杰明·罗什。这位当年《常识》的取名人这时写道："他在《理性时代》中所宣扬的原则，我觉得讨厌，我都不愿意和他再来往。"[2]

潘恩这时一定觉得，相比现在，北美战争结束后那段"特殊的流亡者"的生活真算不得什么。如今，在他下榻的旅馆周围，入夜就有嘘声。邻居围攻他，连马车也不让他坐。他不得不徒步行走，可是来往车辆又故意溅他一身臭泥。人们总不相信他这个鳏夫能耐得住寂寞，于是诬告他与女房东有暧昧关系。甚至只差一点儿，他就被第三次取消国籍：在他临死前三年，有个地方官剥夺他的选举权，说他是个外国人。他最后几年成了美国社会里现成的攻击靶子。教士们以潘恩的遭遇吓唬会众，收拢人心；母亲使淘气的孩子就范，最有效的办法，就是说一句："魔鬼和汤姆·潘恩来了！"一八〇四年圣诞节之夜，有人干脆向他开了一枪，枪口离他十英尺。临终前一年，他的头发长得像鸟的羽毛，却没有人到城里为他请一个理发师来，虽然离城不过一点五英里。

一八〇九年六月八日早晨八点钟，世界公民托马

---

[1] M. D. 彼得森：《托马斯·杰弗逊和新生的国家》，纽约一九七〇年版，第712页。
[2]《美国百科全书》，纽约一九八〇年版，第七卷第399页。

斯·潘恩在孤苦无告中含愤死去。纽约只有一家报纸注意到这个人的离去。一个记者在六月十日的《纽约邮报》上草草报道了这条消息。其笔调之轻薄令人难以置信："昨天，他葬于西切斯特县新罗歇儿附近，可能是在他自己的庄稼地里。我不知道他的年龄，不过他活得也够长了。他做过一些好事，可更多的是坏事。"

送葬队伍只有六人，其中还有两名黑人。据他的法国房东波纳弗尔太太回忆，下葬时的萧条场面让人揪心："当棺木落地，墓土撒上时，我站在墓穴的东端，让我的小儿子站在西端。环顾周围寥寥的旁观者，我说：'啊，潘恩先生，我的儿子站在那儿，代表美国向您致谢。而我，则代表全体法兰西人民！'"莽莽旷野，只有一妇一孺在代表美法两国向这位合众国的取名人和《人权宣言》的起草者致哀——日后想起，美法两国必定觉得这是它们百年难洗的共同耻辱。

一八一九年十月的一个夜晚，有个被他的精神所感动的英国论敌——记者柯贝特偷偷起出潘恩的遗骨，运回英国。他本想发动募捐为潘恩建造圣祠。结果除招来一片谩骂，一事无成。英国官方对潘恩耿耿于怀，生不宽容，死不接纳。一个巡街念公告的人，因为宣布潘恩遗骨到达，被官方收监九个星期。柯贝特保留那堆遗骸直到他本人于一八三五年去世。他儿子继承了那些圣骨。一八三六年柯贝特儿子破产，圣骨作为他的财产也被没收。可是大法官又不承认那是贵重物品，于是便由一个打散工的老头保管，直至一八四四年。接下来又转到一个叫 B. 蒂利的家具商人手里。到了一八五四年，潘恩的遗骸只剩下颅骨和右手骨了。一位牧师这时突然宣称，他拥有这两块骨头。但后来人们追问时，他却闪烁其词，避而不答。到现在，连这点遗骨也无影无踪了。

潘恩刚死，即有人向他的一个密友约稿，请他撰写潘恩传记。这位友人回答得很巧妙。他说："现在还不是撰写潘恩传记的时候。凡想了解潘恩生平的人，可以去读他的作品。他的作品就是他的生平。"我们可以回顾一下他的作品：他有《常识》，反抗那时候的政治传统；他有《人权论》，反抗社会传统；他有《土地正义论》，反抗的是经济传统；最后有《理性时代》，反抗的是宗教传统。这样一来，他就把那个年头能得罪的人类权势力量都得罪完了。他从地上打到天上，横扫俗界国王之后，又向灵界国王宣战，最后激起天怨人怨，自然要落个遗骨飘零、死无葬身之地的悲惨下场。其实，他既然死无葬身之地，生亦不该享有国籍，他是世界公民，属于新旧大陆上一切爱好民主的民族。他既不能被他那个时代充分理解和接受，就该让他归属于历史。他来到这个世界时，是个贫民；离去时还是一贫如洗，没有一个亲人，没有一穴墓地，真可谓"赤条条来去"。他完全可以用他的笔使自己成为百万富翁，因为在他那个时代，没有一个人的作品获得像他那样广泛的销路。可是他分文不取，把全部稿酬捐给英、美、法三国的民主事业。这样一个无畏无私的人，才称得上是真正的"两个世界的英雄"。

潘恩的可悲之处恐怕在于他跻身政界，却不是一个圆熟的政治家。严格说来，他只是个带着书生意气的革命家。他尽情泼洒理想主义者的热血，从不知谋略、心计为何物。他既不给自己留后路，当然也不允许别人走些曲径。他与罗伯斯庇尔、华盛顿等人发生的那种同道之争，后人不妨看得轻松一点，就像一根直线在通过几个同向螺旋圈时发生的内摩擦。他那个时代，没有一个人像他那样热爱人权，但也没有一个人像他那样不谙人情。如果两者兼备，他或许就能避免那些痛苦的摩擦和纠纷。哲学家伯特兰·罗素向来不动感情，可是他看到潘恩那样下场，也不禁感叹一声："一个人即使毫无自私自利之心，也需要有些世故，才能得到赞扬。"[1]可是罗曼·罗兰却正好相反。他看中的却正是潘恩至死都天真未凿的好斗性格。这位常洒英雄之泪的法国作家为潘恩的悲剧打抱不平，曾预告要给"勇敢的空想主义者托马斯·潘恩"作传，把潘恩列入他的英雄长廊，与贝多芬、托尔斯泰等人做伴。至于与潘恩同时代的那些大革命家、大政治家，他却一个也没放在眼里。

（本文初次发表于《河南大学学报（哲学社会科学版）》一九八七年第一期，中国人民大学复印报刊资料《世界史》一九八七年第四期全文转载）

---

[1] 此为罗素《托马斯·潘恩的命运》一文的结束语，参见《为什么我不是基督教徒》，商务印书馆一九八二年版，第112页。

托马斯·潘恩在近代政治思想史上的地位

> 没有一个人知道他的尸骨现在安息于何处，可是他的原则并没有安息。他的思想虽也像他的遗骸一样难以追寻，却已传遍了他魂梦牵萦的整个世界。
>
> ——丹尼尔·康奥

欧美近代史上，很少人像潘恩那样，一生中在美国、法国参与过两场大革命，在英国鼓动第三场革命，身陷图圄，还想发动第四场宗教革命。更少有人像他那样将近代先进政治理论投诸实践，并在实践中给予了重大发展。他的著作并不是闭门整理前人思想资料的结果，大多是应时而作的战斗檄文，无意中却给近代政治思想史留下了一份珍贵的遗产，至今还闪耀着不灭的光辉。大多数西方学者至今不承认潘恩是个政治思想家。他们只把他看成一个宣传家、鼓动家，充其量是个小册子作家。西方出版的许多政治思想史专著中，潘恩没有一席地位。也有少数西方学者对潘恩的悲惨命运给予深厚同情，但对他在政治思想上的贡献还是未予充分评价。这是因为潘恩写作时，并不像同时代的启蒙思想家那样只把开明绅士、上流贵妇设想为自己的读者。这个制作过女式胸衣、船桅支索的作者，属于下层人民。他知道怎样用他们的语言说出他们的要求。潘恩生前受尽世人亏待，没有理由还要在死后忍受历史学家的冷遇。他在近代政治思想史上应该享有一个独特的地位，而他本人的理论贡献早已为他赢得了这一地位。今天看来，至少有下列六个方面为潘恩思想所独有。

一、潘恩的人权论在理论上克服了财权论的局限

潘恩生活的年代以自然法学说为最先进的政治思想体系。他参加的美国、法国革命就思想史意义来说，是自然法学说的实践阶段。自然法体系的旗帜是天赋人权。但是人权的内涵却有很大的弹性——它既可能被广义地解释为最大多数人的生存权，更可能被资产阶级狭隘地规定为牟取利润、保护资本的财权。当天赋人权旗帜初提出时，生存权和财权可以互为表里，统一在一个口号里。但是随着资本剥削代替封建剥削成为主导地位的经济关系时，财权和生存权很快就会分裂为资本剥削和反资本剥削的相反要求，获得尖锐对立的不同的阶级意义。这种分裂将导致整个自然法体系的破裂。

在洛克时代，自然法学说已从古典形式嬗变出来，为资产阶级所用。但是人权内部财权和生存权并立的两元局面已经初露端倪。洛克思想之所以进步，就在于他以人权否

定神权，又以其中的财权对抗君权。但洛克是个财权至上论者。他在处理财权和生存权的内部关系时，为维护财权，又求援于君权。财产和生存权如果发生冲突，谁是最终裁判人？洛克说：是君权。这样，君权乘隙而入，又回到了放逐它的自然法体系之中。结果，和洛克政治上三权分立的要求相呼应，洛克的思想内部也出现了一个君权、财权和生存权三权分立的局面。这正是洛克思想的不彻底之处。

到了美国革命时代，君权终于从自然法体系中被驱逐了出去，剩下财权和生存权两者以统一的人权形式支撑着十八世纪的资产阶级政治思想。财权和生存权这时在理论上相处尚好，是资产阶级早期历史地位的反映。他们和人民大众这时在反封建制度方面有共同语言，他们的要求这时还包含着人民的要求。对资产阶级来说，人权一度是他们真诚追求的目的。但越往后越成为一个空泛的策略口号，仅用以号召人民力量的支持。他们真正的核心要求却越来越偏向于财权。尤其到了革命后期，资产阶级上升为统治阶级时，君权既倒，财权和生存权的矛盾就公开暴露了。资产阶级以实现财权为满足，人民大众则接过天赋人权这一旗帜，要求兑现生存权。生存权和财权的关系成了对资本主义的新剥削制度是限制还是反限制的关系，昔日互为表里的理论联盟逐渐破裂了。这时，政治上往往发生人民起义资产阶级回头镇压的事件。原来集合在联盟旗帜下的思想家也随之分化，重新组合。一七八七年以后在美国，整个《独立宣言》签署者集团开始分裂，杰弗逊和汉密尔顿分道扬镳，形成民主党和联邦党两大派别，就有这方面的思想背景。在近代政治思想史上，从神权—君权—人权，最后人权又分裂为财权—生存权，是一层比一层深刻的理论层次，在这些理论层次上，站着一层又一层的落伍者。反对神权，是大多数自然法学说的信徒经过动摇、观望，最终都能做到的。但要冲破君权，恐怕首先就会引起洛克和拉法耶特的不悦。美国革命的可贵之处就在于能冲破君权的束缚。然而，大多美国革命的领袖却又冲不破财权的限制。有勇气陪着潘恩走到底的大概只有杰弗逊。可是杰弗逊的人权论又不及潘恩彻底。

在潘恩看来，人民的生存权集中体现为参政选举权。要争生存权，首先就得争参政、选举权。杰弗逊虽然和潘恩一样反对用财产权限制人民的参政、选举权，可是他既不给黑人，又不给妇女以选举权，而解放这两部分同胞，潘恩早在北美战争前就呼吁过了。所以，到头来，只有潘恩走到了自然法体系的极限——对天赋人权说给予他那个时代最大限度的民主解释，一种不仅有利于资产阶级，而且还包容进广大人民群众生存权乃至参政权的解释。他是神权和君权的天敌，自不用说，更可贵的是他和财权也照样无缘（至少在主观上是如此）。他第一次在自然法学说史上公然以追求幸福权代替财产权，后被杰弗逊吸收，汇入《独立宣言》。他晚年在法国系狱一年，虽九死一生而不改变初衷。出狱不久就向取消普选权的一七九五年宪法挑战，抗议无理的财产资格限制，宣称："选举权是保护其他权利的最基本权利，取消这一权利无异于把人民推向奴隶的境地。"[1] 阅读他的著作很难找到为财权辩护的地方，触目皆是有关人民参政权、生存权的论述。他一生中似乎很少有约翰·亚当斯和汉密尔顿那样的苦恼：为人权理论的内部冲突而苦恼。他出身于英国社会的最底层。他的阶级地位决定他的人权论总是紧紧围绕着大多数劳苦人民的生存权利。

二、由上述前提又产生潘恩思想的第二特色：自然法学说和空想社会主义思想交相融汇

自然法学说和空想社会主义是十八世纪西方政治思想的两条主线。这两条主线产生于早期资本主义的这一发展特点：它总是在强烈的对抗性中发展，其经济意义上的每一次进步都要带来社会意义上的一次倒退。它每前进一步，都能使一部分人受益，同时又扔下更多的受害者。那些受益者看中它的进步性，提出或拥护自然法学说为它辩护；那些受害者则抱怨它残忍无情，提出空想社会主义批判它，并试图推翻它。但在空想社会主义萌芽阶段，它还不得不从自然法学说的某些理论前提出发，利用其天赋人权、博爱主义等抽象概念。所以，这两种对立的思想体系曾一度是孕育和被孕育的关系。自然法学说孕育了空

---

[1] P. S. 方纳：《托马斯·潘恩全集》，纽约一九四五年版，第二卷第 571 页。

想社会主义的理论前提,空想社会主义以前者的终点为出发点,回过头批判资本主义。自然法学说在人权论上破裂的终点,就是空想社会主义的开始。空想社会主义是以发扬前者理论中的生存权、扬弃其财权而发展起来的。两者的分水岭就在对待财权——私有制的态度上。后者跨过了财权,最终脱离母体,成长为母体的对抗者。因此,自然法学说和空想社会主义既是近代前期政治思想史上一度并存的两条主线,又是前后相替的两大发展阶段。由于代表了不同的阶级利益,这两种思想体系通常是由不同阶级的思想家来表现的。但是又由于两者在理论上有相通衔接之处,因而也有出现特例的可能:两股思潮在某一个思想家那里突然交汇,迸发出奇光异彩。只有这样的思想家才可能有幸交汇两股思潮:首先,他要信奉自然法学说,而且特别彻底,以至一直走到了这一学说的尽头;然后,他又得与下层人民,即资本主义发展的受害者保持密切联系,为他们遭到的损害呼鸣不平。能同时满足这两个条件的人是很罕见的。杰弗逊只能做到前者,巴贝夫只能代表后者。唯独潘恩一身而二任,同时满足了这两个条件。

潘恩终其一生都是在自然法学说的旗帜下度过的。但他并未受财权观念的束缚。他走到自然法学说的尽头,然后,又跨出一步,提出了一整套只有空想社会主义者才会接受的激进的社会改革方案。他在《人权论》中以几十页篇幅呼吁普及公费教育,设立儿童津贴和养老金,为失业者安排就业门路;与此同时,要对私有财产征收累进所得税，对收入最高者每镑征收二十先令。让富人们的金钱向穷人的口袋倒流，这在当时是一般自然法学说的信徒所不敢设想的。伏尔泰在解释"平等"一词时，曾经硬着心肠这样说过："除非有无穷数量有用的人一无所有，人类是不能生存下去。"[1]如果让他看见潘恩的社会改革计划，他一定又要怒斥"这是想要使穷人掠夺富人的穷光蛋哲学"。

潘恩晚年有一本重要著作《土地正义论》一直没有引起研究者注意。可是正是在这本一七九六年发表的著作中，我们看到潘恩的经济思想有一次重大飞跃。他和过去模糊存在的阶级和谐观点告别，开始揭露经济领域中的阶级剥削现象。他说："个人财富是对创造财富的劳动所付报酬过少造成的结果"，"这一现象的后果就是工人累死，雇主却富上加富"。他以前所未有的激烈程度谴责这种经济上的不平等现象："文明现在绝对走向了它的反面，在它的内部应该来一场革命。就像死亡和生命被锁链铐在同一个躯体中，贫富悬殊日益在扩大，刺人耳目。穷苦大众正在变成一个世袭的种族，几乎不能自拔。在每个欧洲国家，成百万人的生活状况要比他们出生在文明开始前还要恶劣。"[2]

对当时占首位的生产资料——土地，洛克曾有这样的

---

[1]　北大哲学系编：《十八世纪法国哲学》，商务印书馆一九七九年版，第91页。

[2]　P. S. 方纳：《托马斯·潘恩全集》，第二卷第610—617页。

区分：土地只有在自然状态下才是公共财富，但在市民社会中，它应该被合法地承认为个人的私有财产。潘恩在《土地正义论》中对此做出了激进得多的回答。他并不反对区分两种财富：一种是自然财富（未开垦的土地），一种是"增殖"财富。问题在于他认为"增殖"财富实际"已附上了十倍于投入劳动价值的价值"，因此他主张："既然个人财产的全部总和，除去个人亲手创造的部分外，大多来源于社会，那么，个人理应把来自社会的那部分财富归还给产生它们的社会。"[1] 他得出的结论为："土地在它未开垦时，曾经是，甚至现在也继续是全人类的共同财富"。[2]

这些思想与早已享有空想社会主义者之称的掘地派领袖温斯坦莱的思想有多大区别呢？正是这些主张：贫困不是自然的产物，而是资本的苦果；贫困的原因在于土地异化为个人私有——使潘恩成为十九世纪欧美土地改革运动的最早代言人之一。不仅如此，欧美工人阶级也在他的思想中听到了他们自己的声音。英国第一个工人政治团体——伦敦通讯委员会在潘恩在世时就曾向他致函表示诚挚的谢意。潘恩的追随者中不仅有最激进的民主主义者，还有一大批欧文主义者、宪章运动派等这些早期社会主义分子。到了二十世纪，美国共产党人则把潘恩的名字作为

---

[1] P. S. 方纳：《托马斯·潘恩全集》，第二卷第 620 页。
[2] 同上书，第二卷第 611 页。

"民主主义传统和社会主义的伟大传统"的象征之一，写入了他们的党章。

三、潘恩是西方思想史上最早划分社会与政府的思想家

《常识》以此观点开篇。在《林中居民信札》和《人权论》中，潘恩进一步阐明了这一观点。西方学者在评价这一观点时，仅仅承认它是近代社会中长期流传的这一观念的起源："管得最少的政府就是管得最好的政府。"还有一些东方学者注意到了这点，却莫名其妙地把它说成是无政府主义的开始。他们的共同特点是回避了或遗忘了这一思想所具有的爆炸性革命意义。

几千年来，政府与社会混为一谈，使得统治者在镇压反叛时总能打出代表全社会的旗帜，使得普通人民总是被这一思想束缚：反抗政府，就是反抗社会；政府之敌，就是社会之敌，全体居民之敌。这种害怕被整个社会敌视的传统心理扼杀了一代又一代政府的反叛者。突然听到有人这样说："社会是由我们的欲望所产生的，政府是由我们的邪恶所产生的……社会在各种情况下都是受人欢迎的，可是政府呢，即使在其最好的情况下，也不过是一件免不了的祸害；在其最坏的情况下，就成了不可容忍的祸害"[1]——反叛者将会怎样地欢欣鼓舞！是潘恩把政府与

---

[1] 马清槐等译：《潘恩选集》，商务印书馆一九八一年版，第3页。

社会划分开来，劈开了套在被统治阶级思想上的紧箍咒，给了他们一个论证革命权、反叛权的有力根据：反抗政府，不是与社会为敌，恰恰相反，正是为了拯救社会！在马克思以前，还会有谁能比潘恩对政府持有更轻蔑、更激进的观点呢？

划分政府与社会——这是一个使历代反动统治者都要吓得发抖的革命理论。十九世纪的英国工人阶级在向政府发动冲击时，曾经一代又一代地复诵潘恩同时代人约翰·特维尔所说的一段名言："什么时候人们的语言还能叙述那些曾有惠于人类的英雄们的名字，什么时候托马斯·潘恩的名字就将迎着政府的迫害在全世界重新响起。"[1]

四、潘恩的社会契约论思想紧紧围绕着社会与政府的对立展开，这使他对社会契约论学说做出了重大发展

在潘恩之前，社会契约论已经历以霍布斯、洛克和卢梭为代表的三大发展阶段。君主论者霍布斯认为，政府起源于人民之间的相互契约。这一部分人民与那一部分人民相互订约，把全部主权交给了第三者。这个第三者就是政府。最好的政府形式是君主专制。政府起源于人约——

---

[1] E.方纳：《托马斯·潘恩和美国革命》，纽约一九七六年版，第233页。

这就推翻了政府起源于神意的中世纪观念，这是霍布斯的进步之所在；人民交出全部主权组成政府，从此不得反抗政府，因为反抗政府就是反对订约者自己——这就剥夺了人民的革命权，使专制君主恣意妄为，这又是霍布斯的反动之处。洛克比之霍布斯，前进了两步。第一步是认为人民交出的不是全部主权，而是部分主权。留下的那部分主权（财权和生存权）比交出去的那部分主权（防卫权和惩罚权）还要重要。交出那部分主权是为了更好地保护留下的这部分主权。第二步是主张主权在议会，不在君主。议会以立法权体现主权，君主仅以行政权执行主权。洛克的议会主权说排斥了君主，是一大进步，但同时也排斥了人民主权，故而为卢梭所不满。卢梭因此又提出人民主权说与之相对抗。在历史上卢梭第一次提出了人民主权说，使社会契约论上升到了一个崭新的阶段。这一进步应予充分评价。但是，卢梭为了维护他的人民主权说在逻辑上的严密和完整，又走向了另一个极端。他提出了主权不可分割说和主权不可代表说，结果反而造成实践上的破绽和混乱。主权既不能分割，那么人民在订约时，只能把主权全部交出，这就必然导致一个极权政府；主权不能被代表，只可被直接表述和运用，那就只能要求一个小邦共和国。这样，卢梭的社会契约论只给人带来了一场两难选择：要么是大国极权，要么是小邦共和。在十八世纪的历史条件下，前者是反动的，后者是复古的。两者都没有进步意义。所以，卢梭既推进了社会契约论，又拖住了社会契约论，并使之向后倒退，倒退到洛克后面去了。

把社会契约论从卢梭式的矛盾中解脱出来，使之继续前进的，是潘恩。潘恩解决矛盾的利器就是他的社会政府划分论。他从人权至上论和政府祸害论出发，首先肯定卢梭的进步；确定主权在民，坚决排斥君主主权论和议会主权论。议会充其量是主权的执行者，不是所有者。然后，他又继承了洛克的合理内核：主权必须分割，这样才能使三权分立成为可能，也不致使人民交出全部主权。只有在人民留有大部分主权，交出的那部分主权又实行三权分立时，才能堵死政府向极权方向蜕变的道路。主权也应该被代表，通过层层选举的代表实现自己。只有这样，才能给大国共和留下广阔的实践余地，才能保证人民渴望民主的愿望不流向复古的方向。

根据人权至上、主权在民说，潘恩又向前跨进一步，认为订立契约是每一代人的权利，不能一劳永逸。他主张，为了防止上一代人订约形成的政府压制新一代人，契约应被每一代人重订或修改。在修约时，政府是被修改的对象，就和当初不能参加订约一样，这时也不能参加修约。他曾用美国一七八七年联邦宪法对邦联条约的修改过程以及宾夕法尼亚州修改州宪的过程为例，论证过这一观点。"在修改宪法的两个例子中，当时的政府都没有参与。在关于宪法的形成或修改的原则或方式的辩论中，政府无权使自己作为辩论的一方。宪法（政府是由宪法产生的）并不是为了那些行使政府职权的人的利益而拟定的。对所

138

有这些事情，有权做出决定和采取行动的是那些出钱的人而不是那些得钱的人。"[1]

这是当时最先进的社会契约论。杰弗逊说他在《独立宣言》中引用过《常识》。他从《常识》中采择的精华就是这种主权在民、人权至上的思想。从他如何修改《独立宣言》可以清楚看出潘恩思想的影响。《独立宣言》前言部分从初本到定本有十处改动，其中改动意义最大的是对政府职责的规定。在初本中，《独立宣言》列举了生命权、自由权和追求幸福权这三项天赋人权之后，说："为了保障这些目的（ends），所以才在人们中间成立政府。"定本改为："为了保障这些权利（rights），所以才在人们中间成立政府。"[2] 从"目的"改为"权利"，既是为了使人权的提法更确切，同时，显然也是要表明政府的作用不是实现待取的人权，而是保护既有的人权。这就把政府的职责由积极的、主动的意义降为消极的、被动的意义，随之也就降低了政府对社会的地位，提高了人权对政权的优先地位。用潘恩的话来说，那就是："政府本身并不拥有权利，只负有义务。"[3] 由于《独立宣言》的历史地位，包含其中的潘恩思想对后来资产阶级近代宪政体系的建设产生过深远影响。

---

[1] 马清槐等译:《潘恩选集》，第256页。
[2] J.博伊德:《独立宣言——托马斯·杰弗逊的改定》，普林斯顿大学一九四五年版，第19—21页。
[3] 马清槐等译:《潘恩选集》，第254页。

至于潘恩的社会契约必须被每一代人修改的观点也曾被杰弗逊所继承。一七八六年，潘恩把这一哲学观点具体叙述为：每过三十年，每一项法律都应被下一代修改或作废[1]。三十年后，一八一六年七月十二日，杰弗逊才在那封著名的致塞缪尔·克切瓦尔的信件中重述了这一思想。这时，他根据欧洲最新的死亡率统计资料，进一步推算出"宪法修改的周期应以十九年或者二十年为宜"[2]。

五、 潘恩在近代政治思想史上最早呼吁在大国范围内建立共和政体，破除对英国君主立宪政体的迷信

在美国独立战争发展到距共和主义革命只有一步之隔时，不少人曾预见到了这一前景，却不敢出来大声疾呼[3]。《常识》写成后，拉什和富兰克林、萨缪尔·亚当斯等人都读过《常识》手稿，并作了一些改动。但潘恩注意到，有两个词这些绅士们一直避免说出："独立"和"共和"[4]。可是，如果回避了这两个口号，尤其是后一个口号，那将是个什么局面？用潘恩的话来说，"美国的独立如果不曾伴随一场对政府的原则和实践的革命，而单从它

［1］ P. S. 方纳：《托马斯·潘恩全集》，第二卷第395页。
［2］ P. S. 方纳：《杰弗逊文选》，商务印书馆一九六三年版，第60页。
［3］ D. F. 霍克：《潘恩传》，纽约一九七四年版，第40—41页。
［4］ A. O. 奥尔德里奇：《理性之士——托马斯·潘恩的一生》，伦敦一九六○年版，第53页。

脱离英国这一点来考虑，那就微不足道"[1]。

北美事件波峰相逐，经历有经济斗争、民族战争和民主革命三个阶段。英、美冲突最初局限于征税与反征税的经济范围。那时北美人民的口号是："无代表不能征税！"他们要求的是在大不列颠内的参政权，以保护殖民地的经济利益。一七七五年三月，帕特里克·亨利发表那篇著名的演说，发出"不自由，毋宁死"的誓言时，北美人民才明确意识到经济冲突之外，还有不可调和的民族矛盾。斗争由此进入第二阶段民族斗争。这时，北美人民的近代意义的民主革命要求却并不强烈。如果北美斗争停留在这一阶段，尽管最终还会取胜，但结局很可能是：赶走了英国的总督，民族获得独立，却恢复英国式的君主立宪制。

就在人们徘徊于战争和革命之间，很可能步入迷途的时候，一七七六年一月，潘恩的《常识》出版。他不仅呼吁独立，而且还喊出了共和的新口号："让我们为宪章加冕！北美的法律就是国王！"这一声喊，犹如划破黑夜的枪声，惊世骇俗。北美人民从此意识到，他们肩负的不仅仅是为十三州本土而战，而是为旧世界的非殖民地化而战，为新世界的共和政体而战，为在地球上开辟一个崭新的资产阶级民主革命时代而战！"推翻国王这一称号，把它分散给有权享受这种称号的人民"，"只要我们能够把一个国家

<hr>

[1] 马清槐等译：《潘恩选集》，第225—226页。

的政权形式，一个与众不同的独立的政体留给后代，花任何代价来换取都是便宜的"。以潘恩的共和主义新口号为标志，北美民族战争获得质变，嬗变为革命。北美斗争就此上升到了第三阶段，也就是最高阶段：资产阶级近代民主革命。

潘恩把独立和共和联系在一起，把一个民族的斗争和全人类政治制度史的共和时代联系在一起，使得北美事件摆脱一国局限，成了共和政体的一次"辉煌日出"，傲视当时旧大陆上星罗棋布的大小宫廷——这一历史功绩是同时代任何思想家都难以企及的。以往对《常识》的评价往往局限于它呼吁独立的现实影响，却忽视了它呼吁共和的划时代意义。事实上，当时"独立"的口号已经为帕特里克的誓言发出。潘恩首创的口号不是"独立"，而是"共和"。潘恩当时最大的反对者也不是独立党人，而是那些在"独立"问题上暗暗赞成他，而在政体问题上却公开反对他的人。如约翰·亚当斯，即称他为"灾星"，害怕他的共和思想为平民所用[1]。现在，谈到近代共和政体的起源，人们只注意到《独立宣言》，说它是近代共和政体由理论转向实践的伟大转折的标志，可是，《独立宣言》表述的那些思想早已在《常识》中以更酣畅更动人的语句表述过了。马克思说过，美国是"第一次产生伟大民主共和

[1] B.贝林：《美国革命意识形态的起源》，哈佛大学出版社一九六七年版，第288页。

国思想的地方"[1]。历史学家应该承认，在那块土地上，托马斯·潘恩就是提出那一"伟大思想"、实践那一"伟大思想"的第一人。

潘恩又是这一思想的传播者。美国革命后，潘恩的视野转向欧洲。当时欧洲思想界对美国革命的共和思想还很隔膜，盛行的还是对英国一六八八年光荣革命中建立的君主立宪政体的迷信。一七九〇年十一月，英国辉格党人领袖柏克出版《法国革命感言录》，激烈攻击法国大革命，无形中给了潘恩一个阐述美国共和思想的极好机会。潘恩以《人权论》反驳柏克，首先批判英国制度，扫荡流行欧洲的"英国热"。

柏克声称，英国人民无权受法国影响，起来反抗自己的政府。理由是一六八八年建立的议会向威廉和玛丽作过声明："上下两院议员们谨以人民的名义，最谦卑地、最忠诚地表达他们自己和他们子孙后代永远顺从之意。"

潘恩抓住这一论调，层层剖析。他说："詹姆士二世因擅自建立权力获罪而被逐，但是这个罪过竟然为逐放他的议会以另一种形式和规模重演。"詹姆士二世同一六八八年议会擅自建立起来的那两种权力"在专制无理方面，性质肯定是一样的。唯一不同之处是，一个是对在世的人僭权，另一个则是对未出世的人僭权"。[2] "人

---

[1]《马克思给美国人的信》，人民出版社一九五八年版，第76页。

[2] 马清槐等译：《潘恩选集》，第117—118页。

不能以他人为私产，任何世代也不能以后代为私产"，所以，"死后统治的狂妄设想是一切暴政中最荒谬而又蛮横的"[1]！

潘恩揭露：统治者用遗嘱转让他们的权位，把人民像荒野里的野兽一样移交给他们指定的任何继承人——这就是英国议会政体据以建立的原则。这样古老、这样丑陋的制度应该趁早结束。

英国绅士视若圭臬的改良主义政体就这样第一次被一个来自底层社会的思想家揭开了幕布：读者看到，他们所崇拜的那一制度内里原来浸透着多么浓厚的中世纪色彩！

当时，在欧洲也有人抵制过英国政体，例如卢梭就曾提出过共和国思想。可是，他从前述主权不可分割、不可代表的理论中却得出了代议制和三权分立不可取的结论。这就封闭了共和政体在大国范围内的实践可能。他所提出的用以对抗君主立宪制的是简单的直接式民主制。这只是种偏激的空想。人们难以设想，一个既没有三权分立，又没有代议制的共和国是什么。那只能是一个全体居民相互熟识，一个早上就能召集起来的农业村落。所以，尽管卢梭对共和国倾心向往，却注定要把它封闭并窒息在一个小国寡民的范围之内。卢梭提出的共和理想是一个死胎。死胎不足以对抗他所厌恶的英国式君主立宪政体，也不能说服他的欧洲读者，相反，只能加深欧洲人对共和政体的偏

[1] 马清槐等译：《潘恩选集》，第116页。

见。撕掉卢梭的封条，把共和国从小国寡民的可怜疆域内解放出来——这是潘恩在美国号召实践并已实践成功的事业。现在，在批判了英国议会政体之后，他回过头来要做的，就是向欧洲居民介绍这一伟大实践，向他们耐心地解释这个新共和国何以能在一个数倍于英国本土的广大地域内矗立起来，又何以能获得持久的生命。

什么是一个大国最好的政府体制呢？潘恩回答："把代议制同民主制结合起来，就可以获得一种能够容纳和联合一切不同利益和不同大小的领土与不同数量的人口的政府体制。""代议制集中了社会各部分和整体的利益所必需的知识。它不让知识和权力脱节，摆脱了一切个人的偶然性。""这是所有政府形式中最容易理解和最合适的一种，并且马上可以把世袭制的愚昧和不稳以及大众民主制的不利一扫而空。"

潘恩使欧洲人看到，美国新政体的活力就在于代议制和大众民主制的结合。因此，雅典人只能在小邦之内实行的，美国人就能在大国范围内推行；因此，雅典仅成为"一个古代社会的奇迹"，而美国则"成了一个现代社会人人赞美的目标和典范"[1]。

《人权论》出版对海峡两岸思想界的影响是难以估量的。在英国，一位学者认为："发生在柏克和潘恩之间的这场大辩论可能是英国历史上曾经发生过的意识形态论争

[1]　马清槐等译：《潘恩选集》，第244—246页。

中最有决定意义的一场论战。"[1]英国匠人曾把歌颂这本书及其作者的歌词填进国歌，走街串巷吟唱。在法国，《人权论》曾像《圣经》般传诵，教育了整整一代人。大革命前夜，法国舆论倾慕英国政体，法国思想界的泰斗教导人民追随英国。法国革命是在上述舆论和教导中孕育起来的，但是一旦进入实践，它却迅速地摒弃了英国模式，转而追随美国革命的共和主义。发生这样急剧的转折，首先就是和《人权论》的巨大影响分不开的。

六、潘恩的自然神论思想具有浓厚的无神论倾向，别具一格

一七九四年潘恩在法国狱中著书，试图发动宗教革命。在难以想象的艰险困厄中，他写就《理性时代》一书。后人不应该把《理性时代》仅仅看作是一本与政治无关的宗教著作。当时的欧美社会，宗教是哲学与政治的中介。宗教上出现的变动有时比政治变动还要影响深远。潘恩期望于宗教革命的正是这种政治性的连锁反应。

他在书中说："我不相信犹太教会、罗马教会、希腊教会、土耳其教会、基督教会和我所知道的任何教会所宣布的信条。我自己的头脑就是教会。"他逐篇分析《圣经》，结果认定"这是一本谎言、罪恶和亵渎（上帝）的书"。他希望，

[1] A.O.奥尔德里奇：《理性之士——托马斯·潘恩的一生》，第186页。

146

"指出《圣经》是伪造的，这样，由于把它的基础拆除，建筑在上面的迷信结构就会立即全部倾倒"。尽管他声称自己是个有神论者，但他仅仅虚尊了一位上帝。他把与上帝发生交流，使人感觉上帝存在的一切事物——教会、教义、《圣经》、启示、忏悔等等一扫而光。这种手法太容易使教徒们想起一种叫作"清君侧"的中国策略了。而且，教徒们还有根据说他虽然留下了一个上帝，但他对这个上帝的信仰只不过是出于一种无可奈何的心情。因为他说过："人可以和上帝的名称联系在一起的唯一的观念，就是关于第一原因的观念。虽然什么叫作'第一原因'是不可思议而难以叫人想得明白的，但人们终于相信了它，因为不相信它的困难要大到十倍。""我们不得不信仰一个永久存在着的'第一原因'……而人则把这个'第一原因'叫作上帝。"[1]

这样谈论上帝，与其说是宣称神的客观存在，毋宁说是承认人的主观局限。这样的信仰，毫无虔诚可言，完全是不得已而为之的权宜之计。这样的上帝，只有逻辑上的意义，没有宗教上的意义；只有认识论的意义，没有本体论的意义。所以尽管他一再声明，他不同意无神论的过激倾向，尽管他通过一种奇妙的逻辑把基督教说成是无神论，但"无神论者"的"恶名"还是像飞去飞来器一样回到了他自己头上。

当时欧美社会中的自然神论者并未与基督教会公开决

[1]　马清槐等译：《潘恩选集》，第372—373页。

裂。启蒙学者们议论起教会来可谓处处留神。他们大多认为自然神论是上流人士的精神专利，不希望底层百姓来分享，没有一个人像潘恩那样"带着一把利斧在基督教的森林中行进"，一口气砍掉了创世传说、伊甸乐园、耶稣复活、圣灵显迹、启示预言，砍掉了一切与启示宗教有关的事物。他砍完了这些，自然神论还能和基督教同床共梦吗？在潘恩以前，一个人在相信自然神论的同时，还可以心安理得地信仰，至少可以劝别人去信仰基督教。现在，这种二元论的宗教诡辩还能站住脚吗？从前，他撕碎了国王、议会的权威，现在他又来撕碎教会和《圣经》的权威，并抽空上帝的权威。他反对人间的君王，还能得到某些党派的欢迎，而今他反对天上的君王，却受到几乎全体地球居民的一致抨击和厌弃。难怪他被人称为世界头号异教徒，难怪他当年的那么多密友——杰弗逊、萨缪尔·亚当斯、本杰明·拉什等人都为《理性时代》感到难堪、恼怒，纷纷与他疏远甚至绝交。正如他的《常识》《人权论》使他走到了自然法学说的尽头一样，他晚年的这本《理性时代》，也把他带到了自然神论思想的最远境界。不过这一次，可是个世人难容的境界。

美国历史学家贝林说："除了马克思，潘恩是有史以来最好斗的一位小册子作家。"[1]确实如此。他是这样好斗，以致与人权除外的一切权力为敌。他的著作几乎构成了一场对十八世纪社会的全面挑战。他也有缺陷，有矛

---

[1] B. 贝林：《美国革命意识形态的起源》，第 286 页。

盾，有一切思想家都无法避免的时代局限。但他被诽谤，被故意遗忘，却并不是因为这些，而是因为世人所难接受、学者所不习惯的敢于实践、勇于战斗的美德。可是，恰恰因为这种美德，西方近代政治思想史的这一页才放射出了逼人的光芒。

（本文发表于《陕西师大学报（哲学社会科学版）》一九八五年第一期，《全国高等学校学报文摘》曾摘要转载）

让－雅克·卢梭和他的恋母情结
——兼论某种文化现象

你们若不回转，变成小孩模样，断不得进天国。

——《马太福音》第十八章第三节

一

到如今，让人们承认卢梭在临终前已是一个深度精神分裂症患者，已不很困难。既然如此，能否回头从某一心理变态的角度，例如恋母情结，来试读一次他的《忏悔录》《爱弥儿》，甚至《民约论》《社会契约论》？从临终前回望卢梭，把他的一生和著述看作是向着这一终点的发展，应该说顺理成章。这种尝试如能走通，或许比重重复复地评述他那几本著述更有助于理解他奇特的一生——这个人终其一生都在宣扬非理性主义，与人是理性动物这一来自亚里士多德的正统观点作对。想想看，还有什么能比从他的灵魂深处释读出几条连他也不自觉的非理性动机，更能证明他的非理性主义？

二

有一次弗洛伊德曾抱怨，人类让那些"疯子，能见到幻象的人，预言者，神经官能症和精神错乱者，曾经起过重大作用"。他说："某些人对他们的以及后来的时代产生过无法估量的影响。他们发动过重要的文化运动，做出了巨大的发现，也就是说，他们克服了他们的反常。但另一方面，往往恰是因为他们性格中的病态的特点，他们发展的不平衡，某些欲望不正常地强烈，无保留、无分别地献身于一种唯一的目标，使他们具有力量，拖着其他人跟在他们的后面，并能战胜世界的抵抗。"（转引自阿考斯、朗契尼克合著《病夫治国》前言，新华出版社一九八一年版）在文化巨人各类心病中，大概以性变态为甚。本世纪初，当弗洛伊德试图解释人类文化起源时，就曾怀疑过人类古老的罪恶感，及其萌生的各种宗教、道德戒律的最终根源就是那个恋母情结（见《精神分析引论》，商务印书馆一九八四年版，第264页）。对于这一点，卢梭的心理记录，或许能提供一个病例。

据《忏悔录》自述：卢梭大约八岁时，就已经"经常用一双贪婪的眼睛注视着漂亮女人"（《忏悔录》第一部，人民文学出版社一九八〇年版，第15页）。同一年，他在一个少妇的温柔体罚中初次敏感到被异性责打的快感，从此染上了被虐症，终生未能摆脱。卢梭什么时候开始手淫，已无从考证，直到何时还不能戒除，却有明确记载。

迟至三十一岁，他担任法国驻威尼斯使馆秘书时，尚不能停止这种"欺骗自己的伤身习惯"（《忏悔录》第二部，人民文学出版社一九八二年版，第391页）。他沉溺此癖，又耽于自悔自疚，长期的心理负担终于造成致命的功能损害。用他自己的话来说，"每当欲望越搅越紧，眼见就要登上巅峰时，一阵狂风，就会突然败懈下来，接着就是一场号啕大哭，哭得像个孩子一样"（同上书，第397页）。在威尼斯，他两次与妓女野合，两次都灰溜溜地败下阵来。他说："大自然在我的心里放进欲望，渴望着这妙不可言的幸福，却又在我的狂悖的脑子里放进了毒药，毒害着这妙不可言的幸福。"（同上书，第396页）现在的学术界可能羞于研究这类秽史，但他自己却严肃声称这类事件是他一生中最足以描画他本性的事件（同上）。

造成卢梭心理变态的关键时期是他与华伦夫人的生活史。那是一七二八年至一七四二年，卢梭十六岁至三十岁。他与华伦夫人同居度过了这十四年。后者比他年长十二岁。卢梭真心诚意地称呼她为"妈妈"。与此同时，又不断地在肉体上与另一位仆役分享这位"妈妈"。群居兼乱伦，就造成了一个不折不扣的血亲相奸的幻象，正好满足弗洛伊德关于恋母情结的那个著名公式。十六岁，正是一个人在精神上的断奶期。他却掉转头去迷恋上一位"妈妈"，而且一迷就是十四年。他内心不安，却不能自拔，从此再不能摆脱罪恶感的纠缠。"我只是得到了肉体上的满足，有一种难以克服的忧伤毒化了它的魅力，我觉得好像犯下了一桩乱伦罪。"(《忏悔录》第一部，第243页）这种罪恶感迫使他把批判的矛头折向内心，进入宗教般的内心生活。这种罪恶感越掘越深，既掘松了他的内心土壤，使得以后落进来的任何一颗种子都能疯长；同时，也掘开了他与同时代人的裂沟。

卢梭与百科全书派哲学家们的分裂是哲学史上经常提及而又不易说清的话题。当代意大利哲学家 L. 科利特认为，这一分裂的原因是"百科全书派都认为社会弊端仅仅是结构性的缺陷，因而只需要缓慢改良，而卢梭却看到了一种'罪恶'，必须从社会老根上改起"（见 Lucio Couett, *From Rousseau to Lerin*，纽约一九七八年版，第146页）。这是一个很有见地的看法，可惜并未指出卢梭哲学中的这种罪恶感是从哪儿带入的。除了通常所列的那几项社会因素，还有没有纯属卢梭个人的心理因素？

近代心理学成果之一，是发现无论文明已进化到哪一阶段，人类类体那部古老的心理发育史都要在每一个个体心头重新经历一遍。母系社会血亲相奸的发展阶段在现代人心理历程上的相应阶段，就是每个人在幼年时期都曾有过自觉或不自觉的恋母（或恋父）阶段。少数心理障碍者把这种情感带入成年阶段，即形成恋母情结。恋母情结中的原始内容与文明社会水火不容，将把它的载体带到反社会、反理性、反文明的阴极一端，酿成个体发育与时代步伐严重脱节的悲剧。如果这种患者恰好是文化名人，那么恋母情则有可能弥散渗入这些人的社会思想、哲学观念，使之出现复古主义的奇特面貌。对此，伏尔泰等人当时即有感觉。伏尔泰对卢梭第一部社会政治著作的反应是："读尊著，使人渴慕用四脚爬行。"（见《论人类不平等的起源和基础》序言，商务印书馆一九八二年版，第31页）以后又嘲笑卢梭是"不能与人相处的动物"（见《十八世纪的法国哲学》，商务印书馆一九六三年版，第99页）。狄德罗说卢梭的每一思想都干扰了他的著作，活像他自己躯体内有一个该死的鬼魂，说他们这群人与卢梭的分裂，是"天堂和地狱的分裂"（见 G. H. Sabine, *A History of Political Theory*，纽约一九三八年版，第575页）等，表达的就是对这种复古主义的不满和困惑。但是，伏尔泰等人并没有意识到，在个体与类体的碰撞中，受苦的固然是个体，然而个人的逆反思维被锤打之后，放射出惨痛迸溢的光芒，却有可能照亮理性主义力不能及的深层意识，反过来补充或纠正理性主义偏差。卢梭在精神上迟迟不愿断奶，确实像个长不大的大小孩，老小孩。然而，平心而论，不正因为卢梭性格中的这一病态特点，发展的不平衡，某些欲望不正常地强烈，我们才得到了《忏悔录》《爱弥儿》《新爱洛绮丝》等这一类极可珍贵的精神遗产？这类精神遗产无论是伏尔泰的《哲学通信》、狄德罗的《哲学思想录增补》，还是爱尔维修的《论精神》，都不能代替。后世所有对理性主义的偏颇心怀不满者都是从这里经受了第一次洗礼，并从这里出发、扩张，逐渐汇成了二十世纪今天不可轻视的一股非理性洪流。

卢梭离开华伦夫人后，带着一颗负罪之心进入巴黎。

罪眼看世界，满世界全是罪恶。从中年到老年，他再也没睁开另一双眼睛看过这个世界。青年时期的那段"恋母"经历造成了沉重的精神包袱，也铸成他奇特的成功道路。一七四九年他写作《论科学与艺术的复兴是否有助于风俗淳厚》，因持悖论而一举成名，从此一发不可收拾：一七五四年写有《论人类不平等的起源和基础》，一七五九年写有《社会契约论》，一七六一年写有《新爱洛绮丝》，一七六二年写有《爱弥儿》……短短几年，一个流浪汉突然蜚声巴黎，声震欧洲，全欧洲上空都响起了那句典型卢梭风格的名言："人类生而自由，却无往不在枷锁之中"……

卢梭受苦于恋母情结，也得益于恋母情结。在那些著述里，卢梭如何为原始蛮风辩护，现在尽可去读他的原著。原著胜于一切复述，不必在这里赘述。有意思的是，同时也值得引申的是，恋母情结不仅纠缠过卢梭，也纠缠过更多的文化名人，如拜伦和他姐姐那段动人的恋情。甚至在另一个世界的曹雪芹笔下，也出现过对女性意识多少有几分变态的崇拜。这就使人觉得，是否能放宽对恋母情结的心理学限定，把它作为一种更宽泛的文化现象来看待？这些浪漫人物通过他们的文化地位，在人类思想史长河中曾多次掀动复古归源的思潮。在社会进步与人道价值的冲突中，他们异口同声地要后者，不要前者，要把社会发展的指针拨回原始一极。他们主张复归原始统一的执着劲头，总使人想起成年人对社会厌倦后产生的复归永恒母体的心理趋向。与此同时，确也都能在他们的个人生活中找到与母性世界变态交往的感情经历。作为他们社会思想的必要注脚，这些材料是否也可以和其他材料一起进入历史学家的研究视野呢？承认《忏悔录》《爱弥儿》这些皇皇巨著出自一个手淫患者，确实有些难堪。但是，只接受卢梭那颗硕大的脑袋，不同时接受他那双不洁的手，是否又过于脆弱呢？只要不过高估计或过窄理解"恋母情结"这类心理学发现，试从心理学的角度来观察我们某些文化现象，多少会有些意义。

三

卢梭心是女人心。那颗心在恋母情结中泡涨，充满罪感意识，盈盈欲滴，特别能吸引女人的怜惜。他曾认为："没有比两人在一起对泣的那种甜蜜滋味更能把心和心联系起来了。"（《忏悔录》第二部，第655页）这种爱好当使男人倒胃，却令女人倾心。这种变态心理决定了他的读者群更多的是女子，而不是男人，也决定了他最受欢迎的著作在当时并不是呼风唤雨的《社会契约论》，而是哀艳婉伤的《新爱洛绮丝》。对这一点，中国人好像估计不足。我们一直认为卢梭在当时的读者似乎多是聚集街头怒气冲冲的无套裤汉，而不是香帕拭泪唏唏嘘嘘的上层妇女。这种误解从中国的翻译界早就译出了卢梭几乎所有的政论著作，却最晚想到译出《新爱洛绮丝》这一现象，可以管窥一二。

据调查过大革命前私人藏书目录的莫尔内统计，

在五百家藏书中，一百七十八家藏有伏尔泰的著作，一百二十六家藏有《新爱洛绮丝》，七十八家藏有《百科全书》，六十七家藏有《论人类不平等的起源和基础》，只有一家藏有《社会契约论》[见《十八世纪法国社会思想的发展》，（苏）沃尔金著，商务印书馆一九八三年版，第244页]。一七六一年《新爱洛绮丝》出版，太子妃读它，称为绝妙作品；王妃读它，一口气读到凌晨四时，卸下已套好的马车，不赴舞会。尽管此书在文学界反映很不一致，但妇女界却同声叫好。"妇女们对作品也好，对作者也好，都醉心到这样的程度"，以至卢梭沾沾自喜地估计："如果我真下手的话，即使在最上层的妇女当中，也很少是我所不能征服的。"（《忏悔录》第二部，第672页）人们常惊叹卢梭竟以流浪汉的身份征服了巴黎，但忘了补充一句，他是通过妇女才征服了巴黎。他首先征服了那个世界的感情部分，然后再试图征服那个世界的理性部分。他的阴柔之美与女性读者特有的浪漫气息款款相通，交相渲染，在法国文化，乃至欧洲文化中散发着并不强烈然而却是持久的影响。这种影响方式恰与阴性世界的存在方式符合。至于卢梭形象的另一方面：金刚怒目，确也存在，但对法国社会的影响则如同阳性世界的存在方式：暴烈，却不持久。革命大潮一退，《社会契约论》一落千丈。留在法国文化中的卢梭影响，还是那股忧伤缠绵、神神道道的浪漫主义。

卢梭之所以成为男人的弃子、女人的宠儿，当然不应仅仅看成是性别互补的心理现象。在以男性为中心的社会，文化是男性文化，性别歧视渗透到最细小的一层文化细胞。女性如有价值，也只有美感价值，而且是生理性的美感价值，不是文化意识上的审美价值。即使在上流社会，也是如此。甚至越向上走，文化程度越高，这种性别歧视就越严重。卢梭相反，他与整个社会文化对抗，是这个社会的自我放逐者。他与这种性别歧视、性别侵略无缘。他走到了这个社会的边缘——女性世界，却找到了足够的温情。他一生与许多女人结交，女人们尤其是法国沙龙的主妇们，以那个世纪特有的感情方式哺育了他一生。从华伦夫人的沙文麦特到埃皮奈夫人的蒙特莫朗，那颗不安的灵魂只有在女性的温情哄劝下才能安定下来。女性不仅仅是他的感情源泉，也是他的文化源泉。他确实也欣赏女性在生理上的美感价值，但他更注重女性在文化上的独到价值，甚至试图引女性文化来改造补救男性文化。这就从根本上与男性文化发生了冲突。反过来，对妇女而言也是如此。仅仅为了满足虚荣和好奇，并不足以使她们打破阶层偏见，向这位流浪汉哲学家打开沙龙之门。在男性意识坚决排斥的地方，女性起而欢迎，这本身就是一场文化的自然选择。它体现了两种文化之间的根本冲突。

其实，不仅卢梭，即使在狄德罗和伏尔泰那里，我们也能看到程度不同的类似现象。尽管他们看不惯卢梭那样病态的恋母情结，也不同意他的复古主义，但在迷恋女人、寻求母性世界的保护方面，却有许多相通之处。从某种意义上说，启蒙文化就是沙龙文化，而沙龙文化的主持者多为上层贵妇。正是这些沙龙贵妇给了他们讲坛和读者，给了他们灵感和激情，甚至在特殊时刻给了他们保护和避难场所。狄德罗入狱，卢梭首先想到的就是向国王宠妃蓬巴杜夫人求援；卢梭昂然不受路易十五的丰厚年金，却无法拒绝一个王妃五十金路易的赏赐。这种关系甚至超越国界：伏尔泰在法国有难，德国公主——叶卡特琳娜二世远在俄国也要解囊相助。伏尔泰晚年与狄德罗在俄国女皇跟前争宠，那种酸溜溜的口气使人忍俊不禁。狄德罗的名作《哲学思想录》《论盲人书简》今天成了哲学史参考书目的首选读物，在当时却都是为应付情妇索取信笔挥就的急就文章。还有更难以想象的，传世之作《拉摩的侄儿》竟会以这样的语调开篇："我的思想就像我追逐荡妇一样……"所有这些都使人设想，在整个启蒙运动与妇女之间是不是也存在着某种"恋母情结"，只不过更为宽泛而已？是否可以这样说，启蒙运动之母就是这些沙龙主妇？没有这些沙龙主妇，就难有十八世纪法国的启蒙运动？这样的"恋母情结"应该进入历史课堂，成为那里最富魅力的章节之一！

四

既然"恋母情结"不仅仅是一种心理现象，对它还可以做出宽泛的哲学—文化理解，那么，就不应该回避卢梭和他的另一位母亲，他和生身阶层——下层劳动妇女的关系。

　　遗憾的是，这位流浪汉不可能只接受巴黎的沙龙，不接受沙龙里的时尚。当他把文明标志——怀表典当出去，决心以抄乐谱劳动谋生，实践他自己的理想时，衬衫却有四十二件，"而且都是上等细麻纱做的"（《忏悔录》第二部，第449页）。穿这种衬衫写出来的文章，当然只能在有闲妇女那里找到知音，这就使他的平民意识大大地打了一个折扣。

　　《新爱洛绮丝》出版后，他不无得意地说："要感觉到这部作品里充满着的那种细腻感情，就必须有精深入微的分寸感，而这种分寸感只能从高级社会的教养中得出。""如果这部书是在宫廷里获得了最大的成功，那也是不足为奇。书中满是生动而含蓄的传神之笔，只有在宫廷里才能得到欣赏，因为宫廷里的人较有训练。易于体会弦外之音。"（同上书，第673页）

　　卢梭素以抨击上流社会著称，然而，骨子里却离不开这一阶层的感情滋润。不错，他是说过这样的话："在一般平民中间，虽然只偶尔流露热情，但自然情感却是随时可以见到的。在上流社会中，则连这种自然情感也完全窒息了。他们在情感的幌子下，只受利益和虚荣心的支配。"（同上书，第181页）可是就在离这一页不远的地方他却说出了另一席令人心寒的话语："女裁缝、使女、小女贩都不怎么叫我动心。我需要的是贵族小姐。在这一点上，我跟贺拉斯不同。"（同上书，第103页）（注：古罗马诗人曾在诗中表示：他宁肯要自由的女奴，也不要贵族小姐。）"我需要一个贵族小姐"，贵族小姐或贵族夫人也会与他周旋调情甚至短期私通，但不会有一个与他盟订终身，白头偕老；他瞩目贵族妇女，命运却注定他的终身伴侣是一个下女——戴莱丝。这样一来，他和这个下女的家庭关系就出现了一个十分可悲的局面："我永远不会抛弃她，也永远不会和她结婚。"（《忏悔录》第二部，第409页）他出于自卑心理，轻易不敢带她出门。可是当她偶尔在贵妇人前应对得体，他又沾沾自喜。与此同时，他竟有心思把这位下女经常使用的一些乡俚俗语汇编成册，拿给一个元帅夫人供其取乐。

还有一件事更使穷人们气馁。《爱弥儿》至今还是大学教育系课堂上的必读课本，《爱弥儿》的作者却拒不承担教育亲子的起码责任。卢梭和那个下女生了五个孩子，五个孩子都被送进了育婴堂。卢梭晚年对此多次粉饰，但也不得不承认，他是顾忌和戴莱丝的关系，怕因此影响孩子的前程。他"一想到要把孩子们托付给这样一个没有教育的家庭，结果教得更坏，心里便发抖"（同上书，第613页；又见《一个孤独的散步者的遐想》，湖南人民出版社一九八五年版，第151页）。他曾诅咒上层文明、上层文化，甚至上层使用的文字——一代新人爱弥儿十二岁以前不得接触书本，以免那些有毒铅字的污染。可他自己有了孩子，却为他们得不到这些而做出那样卑下的决定！他拒绝把孩子送回生身阶层，正是他本人害怕恢复与这个阶层血缘联系的心理折射。

"我永远不会抛弃她，也永远不会和她结婚"，这不仅是他与一个下女的夫妻关系，也是他与整个生身阶层的母子关系。卢梭也许做得太过分，但他的内心矛盾却不难理解。他或者他们可以不停地为下层社会呼鸣不平，但在生活方式、感情方式甚至思维方式上再也不能返璞归真了，他们站在外面，抚爱那个温暖的子宫，思归不得，唱出了一曲又一曲催人泪下的咏叹调。子宫不语，对牛弹琴，收获的却是来自另一个阶层的击节称赞。他们以此满足上流女子的感情需要，却因此疏远了与生身阶层的感情联系。他只有从无机无识的混沌状态中脱化出来，接受文化，才能抨击这个文化。可是一旦脱化，却咬断了他自己与生身阶层血肉相连的脐带。慧眼一开，再不复有无机无识的原始统一。难道抨击这个文化，是为了更有身价地参加这个文化？难道保护母亲，第一步就是背离母亲？这才是真正的原罪！可是罪源又在哪里？

在历史中，卢梭曾挖出文化与人道二律背反这样震撼人心的悲剧主题，以说明自亚当以来的一切罪恶。在生活中他自己却挣不脱这一悲剧，在罗网中越挣越紧。真可谓"慧智出，有大伪"（《老子·十八章》），"人有七窍，日凿一窍，凿七日而浑沌死"（《庄子内篇·应帝王》）。无论是他思想上的天才发现，还是他本人的生活悲剧，统统都被可恶的东方人说中！这种噬脐不及的"恋母情结"，谁能理解它的沉痛？谁能理解它的辛酸？只有那些从下层脱化出来具有相同心理轨迹的人才能理解。拿破仑能理解，司汤达笔下的那个小于连也能理解。

五

逃避正统文化的压迫，历来有两条出路：一是黑社会，一是温柔乡。一本《水浒传》，再加一本《红楼梦》，一黑一红，中国人以他特有的简明方式提供了反文化的两种基本形式。无套裤汉铤而走险，逼上梁山，大多走入前者。诗人、哲学家怜香惜玉，容易遁入后者。男性中心的正统文化或称理性文化，斥女性为感情动物，排斥她们进入社会，却不料帮助这些第二性在社会边缘构筑成一个第二世界。在第二世界女性氛围中浸染的作家，最终大多走向与社会激烈对抗的阴极——非理性主义。从卢梭经拜伦到曹雪芹，古今中外可以开出很长一条风流才子的清单。荣格说得并不错："创作在本质上是阴性行为。"不理解卢梭和妇女之间的那一恋母情结，就很难读到他著作的深处。

深度恋母情结所伴生的乱伦现象或幻象，可以看成是人类以特殊形式隐藏下来的一部分早期发育的种族记忆。它造成的罪感意识总使人有意无意地追求返祖道路。因为只有返回原始状态，乱伦才不成其为乱伦，既不受社会压迫，也不受良心折磨。多少人读完卢梭，都有卢梭在教唆人重返森林的感觉。也确实只有重返森林，人类才能卸下五千年文明的包袱。返祖要求在哲学上的选择，往往与科学、理性对抗，倾向非理性主义；返祖要求在社会思想上的选择，则必然是复古主义。卢梭与柏拉图之所以在复古倾向上隔代相应，与同时代的伏尔泰在理性主义上却激烈对抗，原因当然是多方面的。但原因之一就在于他的无意识层次里，有这样一个恋母情结在作祟。

种族记忆对作家迷走神经的刺激当然不限于此。更多人更多形式的恋母情结也并未表现出来乱伦现象或幻象，仅仅表现出文化上的泛女性倾向。在这种情况下，恋母情结则通过浓重的阴性氛围促使作家导向强烈的死亡意识——非理性主义的极致。弗洛伊德曾总结男人与女人有三种必然关系："生他的母亲，同床共寝的伴侣，毁灭者。""或者可以说，打生命开始，母亲这个形象以三种形式出现：母亲，根据母亲形象选择的爱人，最后，拥抱每个人的大地母亲。"（《论创造力与无意识》，中国展望出版社一九八六年版，第 74 页）对男人而言，女性既是他的爱神，也是他的死神。人们在社会学意义上的返祖要求，在生物意义上有一个对应物——返回子宫。撤去漂浮其上的色情泡沫，人们会逐渐发现：恋母情结最终留恋的，是出生前的母体内的安全感，母体内的那种黑色温暖——子宫状态。在爱情的诱惑下，男人们迫不及待地寻求输出生命的机会。输出生命，是爱之巅峰，同时也意味着脱离生命，消耗生命。大约就是在这里，远古先人们惊恐地发现，在爱的欢乐里，可能有死亡之手在播弄。西方古代神话中，灰色和沉默象征着死亡，而供王子们首选的姑娘，往往不是哑巴，就是灰头发。在东方，印度神话把死神与女神结为一体，干脆表现为女性形象。古代神话的作者们是怀着向往与恐怖相伴的心情，在死亡的铅灰色中涂抹爱情的粉红颜色。非生非死，亦生亦死，只有在子宫状态才能融成一片。以子宫为文化吸盘者，必是距离死亡最近者。他们爱得热烈，死得也迫切。那些浪漫才子为何在爱情中向外传递死亡的颓废气息？一七四三年春，卢梭刚离开华伦夫人，在巴黎发表第一部文字作品歌剧《风缪斯》，为何以这样凄厉的喊声开场——啊，死神，来把我苦难的一生了结吧！——道理就在这里。

被恋母情结折磨的人，被生存竞争压迫的人，被正统文化弄得心烦意乱的人都希望复归，复归他们所由出的阴性状态。妇女们远离社会，贴近自然，融生命与非生命为一体，能给这些缺乏安全感的男人提供母性保护，对这些人散发着不可言传的神奇魅力。难怪雨果感叹："女性是脆弱的，而母性却是坚强的"；难怪歌德在《浮士德》闭幕处要大声叫喊："永恒女性领导人类前进！"而卢梭呢，他征服巴黎，首先通过妇女；他回归自然，也首先要通过这个阴性世界。他或者他们的内心深处是否都有个哈姆雷特，在那里不停地吟诵那句千古绝唱？那是一个古老而又媚人的诱惑：

"To be or not?"——"生，还是死？"

"To be or not?"——"在，还是非在？"

（本文节略发表于《探索与争鸣》一九八七年第六期）

教士与帝国一致的制度
——卢梭政治哲学评析

　　题目出自十八世纪伏尔泰与卢梭的一场争论——伏尔泰以此概括卢梭政治哲学的根本特征。两百年过去，西方学人对这一问题的探讨，穷追不舍，代有新论。但在近代中国，卢梭政治哲学却被看作民主思想之圭臬，百年传诵，至今尚未得到应有的清理。到目前为止，中国学者关于这一问题的思考，发人深思者似乎还只有这样两则思想史资料——

　　一九一九年八月三十一日，吴宓日记："陈君寅恪谓西洋各国中，以法人与吾国人性习为最相近。其政治风俗之陈迹，亦多与我同者。美人则与吾国人相去最远，境势历史使然也。"[1]

　　一九七四年，顾准在地下状态中的思想笔记："一七八九、一八七一、一九一七这一股潮流，走完了它自己的路。可是还有另一股潮流，两股潮流在交叉吗？怎样交叉的？它们的成果可以比较吗？前景如何？

[1]　吴学昭：《吴宓与陈寅恪》，清华大学出版社一九九二年版，第 7 页。

一七八九、一八七一、一九一七，设定了一个终极目的。要不要从头思考一下这个终极目的？"[1]

顾准所言一七八九年发源的那一股历史潮流，其理论张本就是卢梭之政治哲学。本文立意，即在于"从头思考一下这个终极目的"，把问题引入深一层面的学理讨论。节次如下。

一、"公共意志"——卢梭理论的发生进路；

二、"社会契约"——卢梭理论的逻辑脱漏；

三、"第三者统治""第四种法律"——卢梭理论的政教合一倾向；

四、"公民宗教"——卢梭理论的神学内涵；

五、"政治与道德相联"——卢梭理论的失足原因。

思想史的清理应该走在政治史的前面。在最终解构近代中国意识形态之前，学人能为者，恐怕也只是分别从学理上疏浚这一意识形态的上游来源。

一

我们从"公共意志"这一概念，进入卢梭政治哲学的发生进路。

"公共意志"，就其语义发生形态而言，初次使用者并

---

[1] 陆山：《地狱中的思考》，《二十一世纪》第十二期（香港一九九二年十二月）。

不是卢梭，而是狄德罗。

狄德罗第一次从孟德斯鸠著作中提炼出这一概念：Volonté générale。狄德罗初次使用这一概念时，有两层含义：

（一）各民族不约而同出现的惯例公理，甚至动物界也存在的自然法则；

（二）社会契约缔结时的理性因素，狄德罗原话为："激情沉默后的理性。"[1]

这一概念到了卢梭这里，前一层含义脱落，后一层含义转化，形成一个纯粹的道德概念。在此之后，卢梭将此概念的地位逐渐拔高，视之为整体思想框架中的"灵魂"和"尖端"：

> 正像在人的构成方面，灵魂对于身体的作用乃是哲学的尖端，同样在国家的构成方面，公意对于公共力量的作用问题则是政治学的尖端。[2]

一七六二年，卢梭《社会契约论》发表，他酝酿七年之久的人类进入道德状态的进路终于得到全面阐述。他这样说：

[1] J. G. Merquiors, *Rousseau and Weber: Two Study in the Theory of Legitimacy* (London, 1980), p.32.

[2] 卢梭：《社会契约论》，第41页。（见《社会契约论》，商务印书馆二〇一三年版，第37页注释⑤。——编注）

168

如果我们撇开社会公约中一切非本质的东西，我们就会发现社会公约可以简化为如下的词句：我们每个人都以其自身及其全部的力量置于公意的最高指导之下，并且我们在共同体中接纳每一个成员作为全体不可分割的一部分。

只是一瞬间，这一结合行为就产生了一个道德的与集体的共同体，以代替每个订约者的个人；组成共同体的成员数目就等于大会中所有票数，而共同体就以这同一个行为获得了它的统一性、它的公共的大我、它的生命和它的意志。这一由全体个人的结合所形成的公共人格，以前称为城邦，现在则称为共和国或政治体，当它是被动时，它的成员就称它为国家；当它主动时，就称它为主权者；当它之和它的同类相比较时，则称它为政权。至于结合者，他们集体地称为人民；个别地，作为主权权威的参与者，就叫作公民，作为国家法律的服从者，就叫作臣民。[1]（着重号为本文作者所加）

这一段话应该镌刻在卢梭政治哲学大厦的拱门上，作为引言供人们驻足凝视。这一整体建筑之所以不能称为别的什么，只能称为"卢梭道德理想国"，让－雅克几乎和盘托出，给出了所有说明。这里能依次抽出三个问题，成为本节或以后诸节逐一讨论的对象。

---

[1]　卢梭：《社会契约论》，第24—25页。（见商务印书馆二〇一三年版，第20—21页。——编注）

第一，"一瞬间"问题。

可以这样追问：什么样的"一瞬间"？哪些人参加了这"一瞬间"？是双方"约定"，还是三方"约定"？"一瞬间"遗漏了什么？"一瞬间"暴露了什么？卢梭实在是举重若轻，跳跃得太轻松了。法国结构主义大师、新马克思主义者路易丝·阿尔图塞，后来把这"一瞬间"拉长为充满疑点的"一长段"，定格慢放，捉住了卢梭在这"一瞬间"暴露的四只马脚。阿尔图塞对卢梭社会契约思想的结构主义分析，我们将留待下一节慢慢咀嚼。

第二，语言转换问题。

我们在这里看到一个语言转换的标本，密度之高，实属罕见：几乎所有政治学的基本概念——共和国、共同体、政治体、主权者、国家、人民、公民、臣民，都被"公意"这一道德网络一网打尽，统统转换为道德符号来讨论；而且转换者极其自觉，他在这些概念下都加上了着重号。卢梭道德理想国之所以发生，很大程度上是这场语言转换的结果。语言转换在理论上带来的后果，我们将在最后一节作总结性评述。

第三，"公意如何产生"？

这是留归本节讨论，剩下的最后一个问题。正是这一剩下的最后问题，恰恰成为进入道德理想国发生机制的开关枢纽。

卢梭之"公意"，作为"众意"之相对概念出现。卢梭"公意"的产生过程，是"众意"的克服过程。卢梭说：

众意与公意之间经常总有很大的差别：公意只着眼于公共的利益，而众意则着眼于私人利益，众意只是个别意志的总和。但是，除掉这些个别意志间正相抵消的部分而外，则剩下的总和仍然是公意。[1]

在同一本书另外一个地方，卢梭提到社会的产生类似于化合过程，也有助于人们深入理解"公意"之产生即克服"众意"之结果：

假如普遍社会存在于什么地方，而不是存在于哲学家的体系里；那么，正如我所说过的，它就会是一个有道德的生命，有着它自身固有的品质而与构成它的那些个体生命的品质截然不同，有点像是化合物所具有的特性并非得自构成化合物的任何一种混合物那样。[2]

很显然，卢梭推演"公意"的产生过程有两步：从私意到众意，是"一度聚合"，为物理变化；从众意到合意，是"二度抽象"，为化学变化，从中化合产出一种新的物质——"公共人格"，或称"道德共同体"。

众意从私意中聚合产生，洛克、伏尔泰都不会反对。

---

[1] 卢梭：《社会契约论》，第39页。（见商务印书馆二〇一三年版，第35页。——编注）

[2] 同上书，第192页。（见商务印书馆二〇一三年版，第188页。——编注）

这正是他们为之论证的资产阶级近代世俗社会的众生图像。也是政治国家与市民社会共处于一个平面利益板块，双方不能凌驾对方的存在模式。洛克、伏尔泰之平庸，亦在于此。他们永远只满足于做一个世俗社会的物理学家，不敢奢望做一个世俗社会向道德社会化合飞跃的化学家。卢梭凌空蹈虚，向前再跨出一步——从众意中化合产生公意，进行"二度抽象"，设计一种社会化学工程，这一化合新物就是洛克、伏尔泰所不敢想象的"道德理想国"了。

正是这个"二度抽象"，向前再跨进的一步，把近代社会世俗化、近代政治制度化的两个根基抽象净尽。

首先是个人存在空间。

众意社会是允许私意多元并存的聚合社会，公意社会却只有一个"透明"的"道德同一"。卢梭并不是遗忘个体，而是处处感觉到个体存在的隐患，故而处处呈现出排斥个体的高度自觉。卢梭声称他已发现："社会的进步会唤醒个人的利益而窒息内心里的人道"[1]，反过来则是："只有私人意愿与公共意志完全一致，每一个人才是道德的。"[2]

卢梭也曾考虑过对公意的限制，留出一些私人空间。那段话是这样说的："除了公共人格而外，我们还得考虑构成公共人格的那些私人。他们的生命和自由是天然地独立于

[1] 卢梭：《社会契约论》，第192页。（见商务印书馆二〇一三年版，第188页。——编注）
[2] *Oeuvres complètes de Rousseau*, Volume 3.（Paris，1964），p.254.

公共人格之外的。因此，问题就在于很好地区别与公民相应的权利和与主权者相应的权利，并区别前者以臣民的资格所应尽的义务和他们以人的资格所应享的自然权利。"[1]西方一些新左派学者抓住这一限制，曾为卢梭做出大量辩解。但是，这样的限制从两方面看，最终是无力的、虚幻的。

首先，谁能判断这一"区别"？卢梭明言："唯有主权者才是这种重要性的裁判人。"[2]这是对限制的反限制。如果我们联系本节前引卢梭的第一段论述——"创制者必须抽样人类本身固有的力量，这些天然力量消灭得越多，则所获得的力量也就越大，越持久"，我们就会看到此一时的限制，完全被彼一时的反限制取消了。

然后，纵观卢梭一生的理论脉络，这样的限制究竟是他始终坚持的观点，还是偶然出现、空洞无物的"但辞"？答案恐怕是后者，不是前者。一七四七年卢梭创作首篇论文时，即奠定了他一生追求道德救赎的基调。他以先知法布利希乌斯的口吻宣喻世人：罗马最光辉的业绩是征服并"创造了一个道德王国"[3]。如果说，他这时尚未意识到私人空间与道德王国的冲突，以至到一七五九年创作《社会契约论》时，突然意识到似乎要留出一些私人空间，方出现上述"但辞"，那么到一七七一年他应波兰威尔豪

---

[1] 卢梭：《社会契约论》，第41—42页。（见商务印书馆二〇一三年版，第37—38页。——编注）

[2] 同上书，第42页。（见商务印书馆二〇一三年版，第38页。——编注）

[3] *Oeuvres complètes de Rousseau*，Volume 3.（Paris，1964），p.15.

斯伯爵之请，写作《对波兰政府及其一七七二年四月改革计划的考察》时，他就以更为明确的口气把他一生的逻辑连贯表述了出来。那段话是这样讲的：

> 你希望公共意志得到实现吗？那就使所有的个人意愿与之同化。既然道德不是别的，就是个人意志与公共意志的一致，那么同样的事情可以换句话说，那就是创造了一个道德王国。[1]

公意抽空私意——近代社会世俗化的个人空间之后，逻辑的第二步推演，就是继续抽空近代政治制度化的根基——众意的聚合空间：民间社团党派。

卢梭说：

> 如果当人民能够充分了解情况并进行讨论时，公民彼此之间没有任何勾结，那么从大量的小分歧中总可以产生公意，而且讨论的结果总是好的。但是当形成了派别的时候，形成了以牺牲大集体为代价的小集团的时候，每一个这种集团的意志对它的成员来说就成为公意，而对国家来说则成为个别意志；这时候我们可以说，投票者的数目已经不再与人数相等，而只与集团的数目相等了。分歧在数量上是减少了，而所得的结果却更缺乏公

---

[1] *Oeuvres complètes de Rousseau*, Volume 3. (Paris，1964 ），p.254.

意。最后，当这些集团中有一个是如此之大，以至于超过了其他一切集团的时候，那么结果你就不再有许多小的分歧总和，而只有一个唯一的分歧；这时，就不再有公意，而占优势的意见便只不过是一个个别的意见。

因此，为了很好地表达公意，最重要的是国家之内不能有派系存在，并且每个公民只能是表示自己的意见。[1]

现代比较政治学分支——政治发展理论（Theory of Political Development）的研究成果告诉我们：传统政治社会向近代政治社会转型期间，是政治参与走向扩大的历史阶段。这一阶段中参与的扩大化如果不同时伴之以制度化，那么参与扩大极易走向参与爆炸，导致社会动乱。而参与扩大制度化的一个重要方面，即参与者以个人为单位逐渐发育为以社团党派为单位，走向集团参与。经过政治参与的"二次组合"，近代社会转型期才能保持相对稳定，近代政治的规范、制度才能发育成熟。英国政党制度在英国革命的中后期逐渐形成，对保持革命后期的社会稳定所起的历史作用，证明了这一点。美国两党制在美国革命后期的类似作用，也证明了这一点。与此相对，法国革命长期震荡、难以稳定的根本原因之一，即在于雅各宾党人接受卢梭上述反社团党派的理论，明令禁止民间结社组党，

[1] 卢梭：《社会契约论》，第39—40页。（见商务印书馆二〇一三年版，第36页。——编注）

本身亦自我束缚，自限于政治参与的低级阶段——流动性的俱乐部阶段，拒绝向政党阶段发展。

卢梭以上论述，从客观描述角度看，似已接触到政治参与从个人单位向社团党派单位过渡的历史轮廓，如人民之间出现派别、派别形成集团、小分歧组合为大分歧、投票者的数目不与人数相等而与集团相等——一条政党政治的发育渐进线已经呼之欲出。然而，却被卢梭的公意概念所阻拦，当头喝退。按卢梭之原意，描述这一过程，本来就是为了反对这一过程；是以立体向上的公意"二度抽象"，取代平面聚合的众意"二次组合"。结果，在客观描述中已经出现的理论轮廓，又被他本人扼杀于道德概念。道德理想国的逻辑发生机制，激发卢梭理论洞见能力，其拨现也，于此；其遮蔽也，亦一致如此！

这是一次致命的"二度抽象"。经此"抽象"，剩下的道德理想国政治骨架，将是个什么模式呢？

用卢梭的正面语言描述，那就是：

在一个完美的立法之下，个别的或个人的意志应该是毫无地位的，政府本身的团体意志应该是极其次要的，从而公意或者主权的意志永远应该是主导的，并且是其他一切意志的唯一规范。[1]

----

[1] 卢梭：《社会契约论》，第83页。（见商务印书馆二○一三年版，第79页。——编注）

而这一描述恰与马克思抨击波拿巴政体的否定性语言正相吻合——

小农人数众多，他们的条件相同，但是彼此间并没有发生多种多样的关系。他们的生产方式不是使他们互相交往，而是使他们互相隔离。……这样，法国国民的广大群众，便是由一些同名数相加形成的，好像一袋马铃薯是由袋中的一个个马铃薯所集成的那样。……由于各个小农彼此间只存有地域的联系，不使他们形成任何一种政治组织，所以他们就没有形成一个阶级。因此，他们不能代表自己，一定要让别人来代表他们。他们的代表一定要同时是他们的主宰，高高站在他们上面的权威，并从上面赐给他们雨水和阳光。[1]

这是一种极不稳定的政治模式。在散漫无常的动沙流水之上，直接矗立着公共意志的最高主宰。两者之间没有任何制度化的政治参与团粒结构，下面的极端民主制与上面的绝对权威对接，互为补充，互为存在。上下双方都处于流动液化状态。在下者不能聚合有常，只能街头暴起暴落，成者为王，败者为寇。在上者不能立足生根，落实为制度性的安排，随时有颠扑之危险，如革命初期的宪政权威，如革命后期的道德专政。法国革命后来的广场政治、

[1]《马克思恩格斯选集》第二卷，人民出版社一九六六年版，第90—91页。

议会政治将充分说明这类政治模式的不稳定性。

更危险的，是公共意志的人格化。尽管卢梭曾否认，订约的双方，并无一个可以裁决他们之间分歧的共同上级[1]，但是，他那样的公意理论在实践中却内在地需要一个第三者，一个可疑的牧羊人……

二

现在，我们腾出手来讨论那个可疑的"一瞬间"问题。

前文已述，阿尔图塞抓住那"一瞬间"，定格慢放，捉住了卢梭四只马脚。阿尔图塞称他的发现是：卢梭论述社会契约行为时，出现有四大脱漏（discrepancy），是依靠语言游戏偷越过去的。那四大脱漏是：

（一）契约第二方不明确；

（二）契约承受方不在场；

（三）主权交换同义反复；

（四）公益私利混淆不分。[2]

对于卢梭而言，讨论第四项脱漏可能会被他否定，属多此一举。因为他明确陈言公益应克服私利，故而以下对

---

[1] 卢梭：《爱弥儿》下卷，商务印书馆一九八三年版，第709页。

[2] L. Althusser: *Montesquieu, Rousseau, Marx: Politics and History*（London, 1982），其中评论卢梭部分可参见：Harold Bloom, ed. *Modern Critical Views——Jean-Jacques Rousseau*（Yale University, 1988），pp. 83–117。

此项删略不论。对于中国读者而言，结构主义的分析模式可能过于干涩，我们可以把卢梭的逻辑脱漏，改换为与洛克、霍布斯的对比研究来讨论。

一是与洛克相比。在洛克的小契约论里，订约者是社会的两大部分，订约者是这一部分臣民与那一部分臣民发生契约关系，转让出去的不是全部权力，而是部分权力，余有更多权力留于个人。个人权力既是隐私空间的屏障，又是市民社会利益组合的自治单位。但在卢梭的大契约论里，订约者是个人与公共集体，转让出的是全部权力。故而阿尔图塞在这里抓住第一个马脚，质问卢梭这个契约第二方公共集体如何界定？是超于社会之上的一个实体，还是那种"我为人人，人人为我"式的"人人"道德集合体？按卢梭之回答，恐怕是后者，不是前者。但是如此回答并不能躲过逻辑诘难，因为这种"人人"集合体只能以观念形态出现，不可能化为具体的订约第二方，进入操作性的（尽管是逻辑意义上的操作）契约行为。即使能进入，又发生一个问题：人与人人订约，兜了一大圈，岂不是人与人自己订约，是一个什么都得交换，又交换不出去的主权者，在原地踏步？这就是阿尔图塞抓住的第二只马脚——主权交换是同义反复。问题还不在逻辑结构上的脱漏——结构主义者可能在这里过于挑剔，技痒难耐；问题首先在于——

主权全部转让后，将带来什么样的实践后果？个人的法权独立身份和社会利益的单位空间如何安置？

这才是对比洛克小契约论以后，卢梭的大契约思想最为令人不安的地方。

二是与霍布斯相比。卢梭的主权全部转让说与洛克有异，但与霍布斯却能吻合。尽管逻辑根据不一，但卢梭至少在这里可以得到霍布斯逻辑形式上的支援。然而，差异马上就发生了：霍布斯的契约论和洛克的契约论都是三方契约，两方订约让渡主权（有全部与局部让渡之分），第三方承受两方让渡过来的主权，形成政府；而卢梭的契约论却是两方订约，没有第三方承受！这就是阿尔图塞抓住的第三只马脚——契约承受方（Recipient Party）不在场。图示如下：

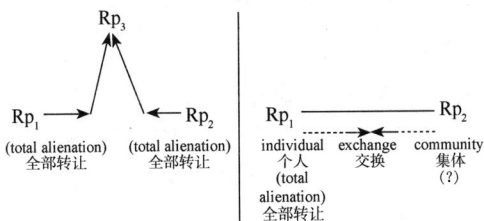

图一　霍布斯契约式　　图二　卢梭契约式

对照上图，很快就会发现：如果说与洛克相比时，卢梭契约行为中的第二方（Rp$_2$）暴露出模糊不清的游移性，那么与霍布斯相比时，卢梭契约行为中那一更为重要的主权承受方（Rp$_3$），则干脆隐匿不现了。无怪西方有学者挖苦卢梭，说他的主权转让说是个"没有守门员的球门"[1]。

[1] J. G. Merquiors, *Rousseau and Weber: Two Study in the Theory of Legitimacy* (London, 1980), p.76.

在这里，人们自然发生第二个疑问——

权力全部转让后，竟无第三者具体承受，政治国家的制度层面如何安排？

这是对比霍布斯的大契约论以后，卢梭的大契约论思想同样令人不安的第二个地方。

面对上述两大问题，按卢梭道德救赎之初衷，他可能这样回答：

（一）个人权力全部转让，是为了克服政治生活的"剧院异化症"；中无 Rp_3，是避免"它者"出现，将主权割裂为代表与被代表者两大疏离部分；权力全部转让后，形成社会的德化状态，本身就是为了化合小我，谈何个体存在、社会利益的单位空间？

（二）权力转让确有承受者，那就是道德生活的共同体——"公共意志"。只有这个公共意志，才是主权合乎道德合法性的唯一表达者、执行者。之所以取消有形的 Rp_3，就是为了保障主权在民，主权不被分割、不被垄断在第三者手里，形成历史上政治国家凌驾于社会之上的异化局面、不道德局面。

在卢梭的逻辑言路里，个人存在空间之丧失看来已是不争之事实，他本人亦坦陈这一点。值得进一步讨论的是 Rp_3——主权承受者，它是以制度形态出现，还是以个人人格形态出现？我们先讨论前一问。后一问留待后一节处理。

我们回头看英国学派的理论。在那里，提不出卢梭这类道德政治观、美学政治观，却提得出一个平庸而又实际的逻辑前提——制度化层面得以安排的逻辑前提：主权授、受双方会否冲突？如果冲突，有何技术手段予以解决？

霍布斯回答：会发生冲突，但那必是订约者悔约，主权承受者 Rp_3 可自上而下合法镇压之。于是，在霍布斯的那个 Rp_3 层面就发生绝对王权之制度性安排。

洛克回答：有摩擦，但不会冲突，或者事先已有可能化冲突为摩擦；Rp_3 层面不是宝塔尖，而是市民社会汪洋大海中的孤岛，孤岛受外部制约，又有内部权力平衡牵制，不会把摩擦恶化为冲突。于是，在洛克的 Rp_3 层面也就发生有代议制、宪政制之类的制度性安排。

但是卢梭这里，上述逻辑图式却是颠倒的。卢梭的话语系统提得出政治的道德审美观，却提不出政治的制度性操作安排或技术性手段安排。他失落的是整个国家形态的制度安排：

（一）霍布斯的回答是多余的。公共意志不是人格化的君主或某一行政权力，而是小我的良心聚合与逐级放大。从小我聚合到大我形成，整个过程是同一质的化合放大，最后结果是透明、同一的道德板块，并无"它者"杂质出现，公民怎么可能反对公民自己？

（二）洛克之回答也可取消。各项权力俱已德化，怎么可能，又有何必要以道德共同体的这一部分制约另一部分——无论是外部制约还是内部制约？

在这里，我们如果需要某种形象隐喻来概括上述三人对 Rp_3 ——政治国家的理论设计，那么蒂利希在《政治期望》一书中正好提供了这三种隐喻[1]，移用过来，十分切合。

霍布斯的国家是一个"魔鬼"。尽管霍布斯曾说过国家是一个"终有一死的上帝"，但我们不得不说，国家很像一个不愿去死的魔鬼。

洛克的国家则是一个"看守人"（Watchman of state）。它是一个庸俗的人间象征，不具有任何圣化的意义。它只具有消极的世俗功能，不承担高尚的精神事务。精神事务、灵魂活动乃至功利分配，都属于它从外部加以保护的市民社会。它只看守被看守者，绝无能力侵入被看守者，更无奢望全盘改造被看守者；

卢梭的国家是一个"世间的上帝"。它是一个神性的象征。它是作为精神价值的承担者获得神性的。它的存在方式确如上帝之存在方式：它不可能作为物化形式存在，存在为一种制度系统或科层制结构，它只能以一种精神形式存在，存在为一种价值形态、理想系统。作为可视对象，它是被否定的，正如上帝不能有形、现形；作为可感觉对象，它又是被肯定的，正如上帝万能，全视全觉。它比霍布斯坦率的地方在于，它从来不羞于承认自己的永恒性——终无一死。至于神性承担者如何通过奇理斯玛型统治形态，从上帝转化为嗜血者，突然与霍布斯接通，这个"道高一尺，魔高一丈"的悖论，我们将会在法国革命后

---

[1] 蒂利希：《政治期望》，四川人民出版社一九八九年版，第134—135页。

期雅各宾专政可歌可泣的史实中看到详细情形。

很显然，卢梭的政治国家是个霍布斯与洛克的对待之物，它在两个方面都以与英国学派的对待之状而存在，正好满足卢梭对英国学派的对抗式：内部不作霍布斯式的制度安排，外部不作洛克式的边界限定。这个独具卢梭风格的巨无霸，一旦从理论形态进入实践形态，将会出现什么局面？

（一）在常态情况下，政、教合一，政、社合一。政治国家的边界无限扩张，湮灭市民社会，更湮灭个人存在。此时可谓有道德国家熔铸一切，无市民社会利益分殊；

（二）在非常态情况下，政治参与突然扩大，国家内部无制度层面可以吸纳、约束，只能听任参与扩大走向参与爆炸，走上革命一途。此时可谓有市民社会参与突起，无政治国家制度约束。

两种局面，都是灾难性状态。个人存在始终没有立足之地，制度安排亦无法落实，只有道德的日常状态与道德的非常状态交替出现，周期震荡。整个民族的近代化世俗化转型，周期性中断，困顿重重。政治国家与市民社会以中间无数个人牺牲为战场，进行一场推移往复的道德战争，要么是前者吞没后者，要么是后者冲毁前者，几经震荡，两败俱伤，最后剩下的只是一堆道德理想国的残垣断壁。而这样的周期震荡，推移往复，既稳定不住政治国家的宪政权威，又稳定不了市民社会的自治机制，恰恰正是法国革命及其后起革命的典型概括。

三

在第三节里，我们将讨论第一节结尾留下的这一问题：那个可疑的牧羊人——"敢于为一国人民创制者"（卢梭语）；并回答第二节提出的那一问：公共意志不具政治制度形态，又将以什么形态出现，依靠什么法律进行统治。

将这两个问题并联，并不仅仅是本文作者的人为安排，而是清理卢梭逻辑脉络的客观结果，而一旦这两个问题并联在一起，毋庸本文赘言，卢梭在社会契约推演过程中能模糊 Rp_3——第三者的面目，但在实践中却不能不请出这个第三者，请出这个以人格化形态出现的第三者。

第三者的需要，首先来自公意从众意中产生这一过程的神秘性。公意与众意的区别，卢梭说得清楚。但是公意如何产生，产生后既高于众意，甚至对立于众意，然而最终又能为众意接受，卢梭语焉不详。他宁可进入神秘状态，也不愿进入英国学派的技术状态。

能够解决神秘问题而不是技术问题者，必是天赋神性者，至少是一个先知型半人半神者。这样的人物俯视众生，只听从内心的天召（calling），而他个人的内心声音经过广场放大，却能对全社会产生暗示性催眠效果，使众生在集体催眠中进入入巫麻痹状态。用卢梭的话来说，就是"不知道德的道德状态"。这样的人物只能是韦伯理论所分析的奇理斯玛型统治者。

卢梭当时尚不知奇理斯玛。但是，在他对"公意立法者"的具体描述中，一个奇理斯玛人物原型已呼之欲出：

（一）奇理斯玛的必要

"人民永远是愿望自己幸福的，但是人民自己却并不能永远都看清什么是幸福。公意永远是正确的，但是那指导着公意的判断却并不永远都是明智的。……个人看得到幸福却又不要它；公众在愿望着幸福却又看不见它。两者都同等地需要指导……正是因此，才需要一个立法者。"

"总之，简直是需要一种神明，才能为人类制定良好的法律。"[1]

（二）奇理斯玛的地位

"立法者是非凡人物。这一职务创造了共和国，但又决不在共和国的组织之内；它是一种独特的、超然的职能，与人间世界毫无共同之处"，"就像是一个牧人对他的羊群具有优越性那样。"[2]

（三）奇理斯玛的职责

"公共权威取代父亲地位，并履行父亲的重要职责，通过履行他们的责任，获得他们的权力。"[3]

"政治实体来自个人，可以被认为是一种实体，是有生命的，类似人的生命一样。主权力量代表着头脑，公民

[1] 卢梭：《社会契约论》，第39—53页。（见商务印书馆二〇一三年版，第48—49页、第50页注释②。——编注）

[2] 同上书，第53—55页。（见商务印书馆二〇一三年版，第50页注释③、第51页。——编注）

[3] *Oeuvres complètes de Rousseau*, Volume 3.（Paris，1964），p.260.

则是身体和组成部分，使得这一机构能够运转、有生气，并且工作。"[1]

这就是卢梭最满意的第三者统治，一个在公共意志中时隐时现的奇理斯玛。它依靠什么进行有效统治？奇理斯玛的内在逻辑排斥制度层面的操作规范，促使卢梭走到十八世纪通行的法律三分法后果，再摸出一个第四种法律，即政治法、刑法、民法后面的"内心统治法"——

在这三种法律之外，还要加上一个第四种，而且是一切之中最重要的一种；这种法律……是铭刻在公民的内心里；它形成了国家的真正宪法，……它可以复活那些法律或者代替那些法律。……我说的就是风尚、习俗，而尤其是舆论；这个方面是我们的政论家（按：指孟德斯鸠）所不认识的，但是其他一切方面的成功全都有系于此。这正是伟大的立法家秘密地在专心致力着的方面了。[2]

所谓舆论，就是社会成员不自觉的道德状态。一七六四年科西嘉人要求卢梭给他们制定一部宪法，卢梭的回答是：

"我不向他们鼓吹道德，我也不强令他们服从道德，

[1] *Oeuvres complètes de Rousseau*, Volume 3.（Paris, 1964），p.245.
[2] 卢梭：《社会契约论》，第73页。（见商务印书馆二〇一三年版，第70页。——编注）

然而，我将使他们置于这一状态——他们服从道德，却对道德一词不知不识。"[1]

通过什么途径，才能使他们置于这一状态？卢梭《论戏剧：致达朗贝尔信》中说："我的回答是，通过公众舆论。如果说，我们在隐居状态下的习惯来自于我们自己的天良，那么在社会状态下，我们的习惯则来自于公共舆论。"[2]

《论政治经济学》中，卢梭说得更为露骨：

"如果说，能够按照人们本身的状态去驱动人们是高明的话，那么，能够按照需要他们成为的样子去驱使人们，则更高一筹。最高的权威是能穿透人们内心的权威。"

反过来，针对英国政治学派和英国政治制度，卢梭鄙夷地说，只有道德崩溃，统治者才"不得不求助于他们称之为国家制度和内阁的诀窍的种种不足道的卑劣伎俩"[3]。

卢梭显然认为，统治权力的合法范围不能局限于公民外在行为的约束，而再深入一步，深入公民内心深处，管理公民内心的道德活动。第四种法律是软性法、不成文法，但是它比前三种硬性法、成文法更为重要。从消极意义说，它是奇理斯玛得以存在的根本大系，是安危所系之生命法、根本法；从积极意义而言，它似乎又是一场统治形式、统治范围的革命，革"政治"的命——它第一次把

---

[1] *Oeuvres complètes de Rousseau*, Volume 3.（Paris，1964），p.948.

[2] Rousseau, *Politics and the Arts*——*Letter to M. D'Alembert on the Theatre*（Illinois，1960），p.67.

[3] Ibid., p.251.

统治合法性建立在公民良知的道德批准上，第一次把统治领域从公民的外在行为扩及到公民的内心状态，第一次把"政治统治"改变为"道德统治"。

卢梭的这一步深入，是他政治哲学中最为冒险的一步，意味着他与英国政治学的根本决裂：前者是道德政治学，后者是行为政治学；前者涉指人的内心世界，后者仅限于人的外在规范；前者之国家是能动国家，能够改造社会，是一只看得见的手，后者之国家是被动国家，只是看守社会，是只看不见的手；前者要求政教合一，后者要求政教分离。两种政治理论，赋予政治国家完全不同的两种功能。按照泰纳的说法，卢梭的国家"是一个世俗的寺院"，"在这个寺院里，个人一无所有，而国家则掌握一切"[1]：国家管教育、管信仰、管观念、管精神世界发生的一切，直至接过教皇、教会的所有管辖范围，重建一个不穿法衣、不设主教的教会。

四

卢梭理论开辟了政治史中一个后神学时代。以卢梭为界，非英美型的大陆国家后来出现一个"后神学时期"——以政治意识形态代行或延长中世纪神学功能的时

---

[1] 转引自 Cassirer, *The Question of Jean-Jacques Rousseau*（Yale University, 1989），p.8。

代。卢梭之后，法国本土有一次急风暴雨的实践；此后，卢梭哲学中的后神学成分，经由德国思辨哲学加工，逐渐东移，历经俄国、中国，形成了从一七八九至一九八九一条完整的后神学实践历史。正是在这个意义上说，顾准笔记将两百年世界近代史分解为一七八九年潮流与另一股潮流的分流史，确实切中脉络，点到了要害。对这类国家而言，后神学时代的来临，还有诸多非思想史所能承担的其他历史因素。思想史的解释功能，只是将那些历史因素暂时抽象，蒸馏出一条大致可辨的逻辑关联。让我们紧扣卢梭政治哲学的"母本"，逐层摸索这一逻辑关联：

（一）倒果为因，观念先行，政治思维神学化。卢梭《社会契约论》中有这样一段文字，提纲挈领。令人费解的是，这段文字迄今未见任何中文论著引用：

> 为了使一个新生的民族能够爱好健全的政治准则并遵循国家利益的根本规律，便必须倒果为因，使本来应该是制度的产物的社会精神而凌驾于制度本身之上，并且使人们在法律出现之前，便可以成为本来应该是由于法律才能形成的那种样子。这样，立法者便既不能使用强力，也不能使用说理；因此就有必要求之于另外一种不以暴力而能约束人、不以论证而能说服人的权威了。[1]

---

[1] 卢梭：《社会契约论》，第57页。（见商务印书馆二〇一三年版，第53—54页。——编注）

着重号是我加的。它表明卢梭陷入了这样一种逻辑循环：既然"一切从根本上与政治相联系"，最优秀的人总是由最优秀的政治制度所塑造，而最优秀的政治制度又总是由人来制定，到底是鸡生蛋，还是蛋生鸡？

在今天看来这是极其稚嫩的一个逻辑循环，但在十八世纪，却是一个困扰着几乎所有启蒙思想家的重大问题，以致卡西勒评价，"这里裸露着十八世纪思想生活的心脏"。十八世纪人们要突破这一逻辑循环，只有两种选择方向。一是伏尔泰、狄德罗等人坚持的属人的方向：由人产生的问题只能由人自己解决，并由此设计了种种世俗的理性普及的教育方案。尽管这一方向带有浓厚的"意见决定一切"色彩，但是它毕竟是属人的"意见"，其最终前途会与英国式的经验理性合流，拒绝神性的干预。卢梭与他们共有这一困扰人心的问题，但是他把这一问题大大地尖锐化了，尖锐到同时代人心理难以承受的程度，以至他自己也不能承受，不得不摸索上另一个属神的方向：向属人世界的边界外面伸出手去求援，求援于神性的干预，求援于"另外一种不以暴力而能约束人、不以论证而能说服人的权威"。这"另外一种权威"，只能是类似于牛顿世界的那个第一推动力——从外面踢进来的一脚。只有让上帝踢一脚，牛顿的世界才能从静止走向运动；也只有让神性踢一脚，卢梭的世界才能中断平面循环，跃上新的一环。

这种逻辑尴尬——只能借助于从外面踢进来的一脚，

后神学政治模式方得以运转，后来在德国古典哲学的政治学说中，俄国革命党人的无产阶级觉悟只能从外面灌输等理论中，曾反复出现过。

（二）政治神学在统治者一端呼唤奇理斯玛，在被统治一端的逻辑对位，则是建立世俗性宗教。

奇理斯玛的逻辑必要，前文已述。关于世俗宗教，卢梭活着的时候，即有深谋远虑：

"这种超乎俗人们的能力之外的崇高道理，也就是立法者所以要把自己的决定托之于神道设教的道理，为的是好让神圣的权威来约束那些为人类的深思熟虑所无法感动的人们。"

卢梭给这种宗教取了名字："公民宗教"，并且规定：要有一篇纯属公民信仰的宣言，条款应由主权者规定。它虽然不能强迫任何人信仰它们，但是它可以把任何不信仰它们的人驱逐出境；它可以驱逐这种人，并不是因为他们不敬神，而是因为他们的反社会性。[1]

（三）政治神学流被大众，全社会呈现在俗而又离俗的政治狂欢节状。

上有奇理斯玛，下有世俗宗教，两者足以击穿中间任何科层制安排与个人隐私空间。全社会将出现价值理性压倒工具理性、理想救赎压倒功利经营的奉献热潮；危机刺

---

[1] 卢梭：《社会契约论》，第57—58页。（见商务印书馆二〇一三年版，第54页、第181页。——编注）

激起大众参与，参与变危机为盛大节日；钟声长鸣不已，市场变成持久的教堂；个人、家庭、社会政治化、道德化；伟业与暴行同行，英勇与残忍并生；奇理斯玛高路入云，大众随之超凡入圣：一人得道，鸡犬升天；整个社会进入彼岸天国，天国即将在人间实现——所有这一切，用法国社会学家杜尔凯姆的语言来说：

这里真正地变成了一个特殊的世界，一个和他平时生活的世界完全不同的世界，这个充满了各种特别强大的力量的环境完全占有了他，使他变成了另外的人。这种经验，特别是一连几个星期每天都要重复一次的经验，怎能不使他相信确实存在着两个性质完全不同的无法比较的世界？一个是他天天无精打采地生活着的世界，相反，另外一个是，只有在他接触到这种特别的力量，使他像触了电一样直到疯狂程度时，才能进入的世界。前者是世俗的世界，后者是神圣事物的世界。[1]

这种政治狂欢节状态，对于熟悉法国革命、俄国革命、中国革命的读者来说，应该是不陌生的。

（四）政治神学追求国内环境的道德净化，形成对外封锁、对内封闭的闭锁孤立格局。

---

[1] 转引自雷蒙·阿隆：《社会学主要思潮》，上海译文出版社一九八八年版，第380页。

在哲学上，卢梭对异体间隔有着极其敏感的心态反应。这种心态有助于哲学理论"异化论"的发现和深入，若进入政治实践，则产生相反效果：时间上拒绝时代进步，空间上拒绝世界文化共同体，难免走上闭锁局面。他在给波兰政府建议时说：

对于波兰人的感情要给予另一种导向：你们要给他们的心灵烙上民族的面貌特征，以区别于其他民族，使他们不致混合于其他民族，这样才能保持幸福并团结他们。[1]

罗马的倾覆，大批蛮族的入侵，造成所有民族的融合，毁灭了各民族的道德和习俗；十字军东征、贸易、寻找印度、航海、长途旅行，延续并加剧了这一混乱。[2]

论及白人进入非洲的历史过程，他甚至这样说：

如果我是那些黑人民族的领袖，我将发誓，在国家的边界上竖起一个绞刑架，在那里，我将毫无例外地绞死任何一个胆敢进入我国的欧洲人，以及任何一个胆敢离境的本国公民。[3]

---

[1]　*Oeuvres complètes de Rousseau*, Volume 2.（Paris，1961），p.962.

[2]　Ibid., p.966.

[3]　Ibid., p.91.

（五）政治神学恶化国内政治纷争，政治斗争道德化，出现道德嗜血症。

一七六二年六月十日，卢梭在逃亡途中读到《圣经·士师记》最后一章以法莲山的利未人的故事，为此激动，并创作了以此为题材的诗篇（事见《忏悔录》第十一章）。他说这是他一生中最喜爱的作品，曾以此宽慰自己受迫害的心情。正是在这种"宽慰自己"的幻想中，出现了道德报复的血腥之气。《利未人》的开头是"道德遭到了狂暴的侵犯"，结尾是一场道德报复的大屠杀，杀死两千六百人。卢梭称其中心思想是，一个道德受到污辱的民族如何团结一致，报复它的仇敌。这种道德嗜杀的倾向在卢梭的其他作品中如低沉的背景伴奏，在背景深处反复响起：

首篇论文中以先知法布里修斯重返人间的狂怒口吻说："拆毁这些剧场，打碎这些大理石像，炸掉这些绘画，赶走这些奴隶……"[1]

《科西嘉宪法草案》："要保存国家就不能容忍他，二者之中必消灭一个；当邪恶者被判处死刑时，他已不是公民，而是一个敌人……"[2]

《忏悔录》结尾处："如果还相信我是个坏人，那么他自己就是一个理应掐死的坏人……"[3]

---

[1] 卢梭：《论科学与艺术》，商务印书馆一九五九年版，第13页。

[2] *Oeuvres complètes de Rousseau*, Volume 3.（Paris，1964），p.257.

[3] 卢梭：《忏悔录》下卷，人民文学出版社一九八〇年版，第809页。

对待政治生活中的差异，经验政治学是彻头彻尾的世俗立场。差异双方都是世俗中人，只存在是非之争；即使有善恶，也不存在善恶必争："恶就存在于善的本身；我们无法消灭这一个而不同时消灭另一个"（狄德罗）[1]，因此，双方只能以对方的存在为己方存在的前提，为己方的存在方式。先验政治哲学从彼岸而来，把此岸世界道德化，因而此岸世界里的差异，都具有道德内容，凡有是非之处，必有善恶之争。既有一方是道德的，那么另一方则必然是非道德的，甚至是反道德的。在经验政治学以是非之争处理的地方，先验政治哲学总能发现为善为恶的道德内容，必引进道德法庭严加审判：是者为德为美，非者为恶为罪。是者道义热情高涨，非者为争取自己的合法存在，也反激起同样的道义热情，回过头来审判另一方，双方俱以消灭对方为己方存在的前提，为己方的存在方式，所谓法兰西性格的"内战"风格之所以发生，逻辑机制可能就在这里。

在这一逻辑作用下，卷入一七八九年潮流的那些国家，后来都发生了下述情况：政治色谱简化为黑白两色，政治斗争被道德语言磁化，社会世俗利益的正常冲突不能表述为正常的政治论争，而是表现为准宗教冲突，善恶必争，你死我活。道德法庭代替理性法庭，政治斗争换算为道德斗争，全民族出现道德内战，轮番绞杀，直至把双方

---

[1] 勒费弗尔：《狄德罗的思想和著作》，商务印书馆一九八五年版，第201页。

的精英代表全部推上末日审判，道德理想走上道德恐怖、道德嗜血，中世纪神与人两岸对抗的历史，在这些国度里，转化为近代社会人与人对抗的此岸历史，持续延伸。

五

现在要问：卢梭为什么会从道德救赎之宏愿悲怀，走向"世间上帝""世俗寺院"，直至开辟了一个后神学时代？

应该说，道德救赎与后面三者没有必然联系，只有或然联系。但是一旦建立起下面这两个中介环节，道德救赎就不可避免地滑向"世俗寺院断头台"的怀抱。

（一）道德目的与国家行政权力相连，换言之，神学与政治相连；

（二）政治学错位为政治哲学，换言之，政治学概念转换为政治哲学概念。

我们先讨论第一项。

卢梭思想在起步时，前半段（《论科学与艺术》《论人类不平等的起源》等）充满忧患。人类在脱离自然状态进入社会状态后的历史性异化，使他坐立不安。那种超乎常人的道德敏感使他走在了同时代人前面，提前发出了人类异化的预警报告，这一警告经黑格尔、费尔巴哈、青年马克思、海德格尔到萨特，历时两百年才汇成二十世纪系统的文化批判、社会批判理论。尽管他发出这一警告的姿态是前倾后顾的复合姿态，却正应《圣经·新约全书》所言，那走在最后面的人，恰是走在最前面的人。卢梭思想的这一功绩不该埋没。

但是，卢梭并未止步。他的可爱之处也就在他的可怕之处。到了后半阶段（《社会契约论》《论戏剧：致达朗贝尔信》等），他发出了另一种声音：要求政教合一，要求国家控制人的内心、公共舆论、道德生活，建立观念形态，禁绝社团党派，等等。如果说第一种声音来自他内心的不安，那么这后一种声音则引起同时代人的不安了。这一部分声音同样也是二十世纪某种极权理论的预警信号。

这两部分理论之间的背反，还有没有内洽逻辑关联？答案是肯定的。前后呼应的关联在于：卢梭对历史已然状态的怀疑，使他产生对社会自发状态、社会自发演变的强烈不信任心理；而返回森林的道路已经遗忘，人类的社会化状态已不可避免；为了避免社会化走向异化，就必须切断社会自发性流变；正是在这里，他对尊重经验沉积的历史进步观投以鄙夷的眼光，把视线投向了政治国家——这一社会状态的唯一对待之物、控制者、改变者。他把所有的道德要求都寄望于国家，由国家承担过去由教会承担的责任，为社会道德立法；同时，又在国家之上安排了那只看不见的"上帝之手"，使之反过来接受道德监察，在督率道德化过程中实现国家本身的道德化。这就是卢梭以道德化合国家与社会于一炉的社会化学工程，也是卢梭所有政治运算的如意算盘。如此一来，这个潜在的无政府主义者，在道德理想主义实践要求的推动下，无意中转过了身子，成了一个最强烈的国家主义者，政治全能主义者。走在最前面的人又成了走在最后面的人：他的这方面理论，听上去活像中世纪在教俗之争中曾反复出现过的教会一方的政教合一论。天才的"异化"理论本身也未逃脱"异化"的作弄——异化论本身发生了异化。

由此，或可理解上述问题的第二项：政治学为何会转换为政治哲学？

卢梭面向中世纪而立，他始终不能接受身后的时代变迁：政治学通过英国学派的自觉、不自觉摸索，正在突破神学、伦理学的母胎，发育成为一门非价值化的独立学科。与此同时，政治哲学接受神学、伦理学的遗产，发育成为另一门价值化的独立学科。政治学与政治哲学的分野，是近代社会世俗化、分殊化在学科类别划界分工的正常反映。然而，卢梭却背道而驰。用他自己的话来说，他一生坚持"把政治与道德联系在一起"，贯注于理论运思，就是一生坚持"把价值判断与事实判断联系在一起"，而且是努力以前者取代后者。这样，他对神学政治论的中世纪遗产，就不是有边界意识的分流接收，而是无分界、无分流的整体接受；其间虽经过世俗化的改造，但是这样的改造，也只能是把神学政治论整体改造为政治神学论，把彼岸的上帝改造成为此岸的、世间的上帝，由此开辟一个后神学时代——意识形态（ideology）时代。

　　在上述背景下，自然发生一场语言大转换：卢梭政治语汇的道德磁化现象。几乎所有的政治概念都经过道德磁化处理：以道德词语讨论政治命题，以价值判断取代事实判断，以伦理审美代替操作设计。如第一节引述卢梭的那段道德理想国的"进路"：共和国、共同体、政治体、主权者、国家、人民、公民、臣民八个政治学最基本的概念，皆受道德磁化处理，转换为道德语言来讨论，成为语言转换的一份高密度标本。这样，卢梭政治哲学表面上呈道德——政治的宽泛貌，内里却陷于道德词语的无边界讨论。无边界讨论就是卢梭政治思想发生逻辑错谬的一个重要的中介环节。它既是卢梭从道德救赎走向"世间上帝""世俗寺院"的语言桥梁，也是一代天才越界筑路时，"一瞬间"露出那么多马脚的基本原因。

　　这场语言大转换，是价值判断对事实判断的大换算，是政治哲学能指对政治学所指的大换算。大换算引起大逃亡：政治学所指的制度性操作符号纷纷逃亡，逃离道德理想的疯狂追捕。就在政治学逃亡所剩的空白地上，卢梭开始营建他的道德理想国——此岸的彼岸天国，在俗的离俗寺院，一个没有上帝却有神性的世俗寺院。

　　历史已经证明：政治哲学对政治学在学理上的大规模入侵，一旦拥有权力，进入政治实践，必然"换算"为政治国家对市民社会的大规模入侵；起于反异化理论的道德理想本身发生异化，从神人同敬的理想试验国，异化为神人同泣的道德嗜血国。

柏拉图有言："伟大的事物，都是危险的事物。"[1]把伏尔泰那句话说完，那就是："教士与帝国一致的制度，是最可怕的制度。"[2]

对中国近代知识分子来说，清理卢梭思想的上述流变，应该有一种特殊的亲近感，或是一种曾历其境的切肤之痛。本世纪西学东渐，知识分子受近代西方之浸染，莫过于《天演论》《民约论》。如今从《天演论》发源的社会思潮已受到清理，那么从《民约论》发源的政治思潮呢？陈寅恪点破了这一课题，顾准悟出了大量新意，却都是未竟而止，含恨而去。唯其如此，先知觉后知，这方面的学术疏理，还大有文章可做。

政治史不能简化为思想史，思想史的清理却可以走在政治史的前面。

（本文发表于香港中文大学《二十一世纪》季刊一九九三年三月号）

---

[1] 柏拉图：《理想国》，注47，497d。
[2] 卢梭：《爱弥儿》下卷，商务印书馆一九八三年版，第455页。

老内圣开不出新外王

——新儒家政治哲学评析

海外新儒家，以保守主义著称。其政治哲学之首席理论家，当推牟宗三先生。一九八三年，牟先生新订再版有《政道与治道》一书，被学界公认为新儒家政治哲学的权威文本，亦为海内外学人评述新儒家政治哲学提供了一条现成的思路。本文拟从三个层面对它展开评述：

一、内圣与外王的历史纠葛——一个斧锯鼎镬之学；

二、内圣与外王的发生机制——政治学的失位与错位；

三、中西认识发生的横向对比——一元独断与二元并立。

一

何谓"政道"？何谓"治道"？依牟先生定义：政道者，政体之原理也，如"天下为公"；治道者，政府职能之运用也，如"三部六省"。牟先生认为，中国古代数千年政治发展，完善的是一个治道，悬空的是一个政道。治道发展至明清，已臻至善；政道虽有先贤之垂训，却苦无办法落实操作。治道与政道相隔，得不到来自后者的资源支持，虽至高至善，只完善了一个"君权"，不能外接于现代民主宪政，"遂成为政治学中之严重问题矣，而亦是儒家外王理想之难关"。新儒家有见于此，亦有痛于此，即以接通政道与治道为己任，从先儒《礼运篇》提出的"天下为公"开始，返本开新，开出其政治哲学的独特进路：

> 大道之行也，天下为公，选贤与能，讲信修睦。
> 故人不独亲其亲，不独子其子。使老有所终，壮有所用，幼有所长。……
> 是故谋闭而不兴，盗窃乱贼而不作，故外户而不闭，是为大同。[1]

牟先生认为：孔子所述貌似复古，实则是把极高远之民主理想，托始于三代，托始于历史之开端，以此为后儒立一政道之圭臬。在此之后，孔子交代这一政道理想在历史中的现实发展，遂有小康之说：

> 今大道既隐，天下为家。各亲其亲，各子其子，货力为己。大人世及以为礼，城郭沟池以为固。礼义以为

---

[1] 海内学术界有认为《礼记·礼运篇》为孟荀以后之作，非孔子所传。此处暂依牟先生之说。

纪：以正君臣，以笃父子，以睦兄弟，以和夫妇，以设制度，以立田里……以著其义，以考其信，著有过，刑仁，讲让，示民有常。如有不由此者，在势者去，众以为殃，是为小康。

大同至小康，虽退了一格，然不坠落，关键有个"礼"——牟先生称之为人文精神——自上而下提拎得住。只要"谨于礼"，天下者尚能为天下人之天下，不能为一二武夫夺来掷去，成一可征可逐的私物。

孔子大同小康说，即为政道之精义。传至孟子，有所削弱，但尚能触及。孟子承认汤武革命强废先君为合法，即有削弱孔子的天下为公，不能如私物夺授这一政道的危险。但是，孟子随即补上了一个"天命说"，解释汤武革命之所以合法，不在于暴力造成的既成事实，而在于人民批准：

天不言，以行与事示之而已矣。

泰誓曰："天视自我民视，天听自我民听"，此之谓也。

不仅如此，孟子后来又补充了一个王霸之别，作为合法革命的判别标准：以德得天下者为王，以力得天下者为霸。这样，一个民意批准，一个王霸之别，还算保住了一个政道。

政道之淡化，是在秦汉以后。汉刘邦以布衣匹夫打得天下，"英雄尚武，别出一格"，恰与孔子所开"圣贤义理之规模"针锋相对。按孟子的标准，这个"英雄尚武之别格"，是个外霸，不是外王，只有加以辟除，先儒之政道才能贯注下去。不幸竟有叔孙通，居然腼颜屈膝，制礼作仪，给刘邦的非法革命披上了一层合法化的外衣，遂开出儒生放弃圣贤之格，承认英雄霸业的历史先例。非法革命合法化，方有王莽之篡。光武之后，政道消隐。天下者，不复为天下人之天下，而是一被逐之鹿，在几个颠顷武夫的马蹄下，追来逐去，成为可射可夺可挟可持之猎物。所谓马上夺天下，马下治天下，只不过是说：武夫逆取，儒生顺守，逆来顺受，变非法革命为一次又一次的合法批准而已。

汉、唐、宋、明，漫漫千年，都是这个英雄打天下、争天下、失天下、夺天下的恶性循环。大同既隐，小康复失，政道消亡，只剩下一个治道在那里孤零零地兜圈子。历朝儒生只抱持一个正统观念：天下不复为公，可藏于一宗一姓之筐箧，藏得住为合法；藏不住，流入别宗别姓，也是合法。其间虽有礼教维持，亦是治道运行之工具，不复为大同提挈小康之政道网络了。

明清之季，是以夷变夏之大变局。明末顾、王、黄三大儒临此大辱，有大感触、大悲怀，方有将两千年政道治道"从头一想"之大反思。有此"从头一想"，终于突破正统观念之束缚，在"国家兴亡"的后面摸到了一个"天下兴亡"。

顾炎武《日知录》之十三："易姓改号，谓之亡国；仁义充塞，而至于率兽食人，人将相食，谓之亡天下。……保国者其君其臣，肉食者谋之；保天下者，匹夫之贱，与有责焉耳矣！"

依顾炎武一脉，王船山在《黄书·古仪篇》中，又提出了严辨夷夏的四条原则：

（一）无私神器以贻曾玄之心；

（二）树屏中枢，闲摈殊类；

（三）以衣冠鸟带之伦自相统治，不能舍此外求宗主；

（四）天命去留，即彼舍此之际，毋庸置心。

炎武、船山之议，树文化道统为最高原则，无意中浮现出天下为公之政道意识。华夏道统之所在，即春秋大义王霸之别之所在，在此之下，政权之改姓易元，或革或继，统统落到了第二义。炎武、船山在政权易手异族入主的关口，提挈出一个垂直上下的道统生命，突破了君权治道的平面往复，乃是大慧之所在；然而，以道统压政统，虽用心良苦，毕竟是曲压，不是正持。治道之真正对待之物——政道，在这里仍然没有得到凸现。而政道不出，内圣之道统还是落实不到外王之实处，亦是大限所在也。

突破此限，多走一步者，乃黄梨洲。黄梨洲突破文化兴亡——天下兴亡的格式，直接插入外王——治道系统，讨论天下究应为公为私之政道，发出了牟先生盛赞之"晴天霹雳之语"：

三代以上有法，三代以下无法。然其所谓法者，一家之法，而非天下之法也。是故秦变封建而为郡县，以郡县得私与我也。汉建庶孽，以其可以藩屏我也。宋解方镇之兵，以方镇之不利我也。此其法何曾有一毫为天下之心哉？而亦可谓之法乎？（《原法》）

郡县、庶孽、方镇者，皆为千年治道之荦荦大端也。黄梨洲一壁推倒千年治道，斥为无法之法，伸手可及政道与治道之分，开出了中国古代政治哲学拨乱反正的破晓气象。牟先生行笔至此，慨然长叹："此种意念，若能畅达不已，必至民主政体之出现。梨洲、亭林等所处时代正是西方十七、十八世纪，拉克、卢骚等之时代。而彼等之人权运动，开出近代之民主政治，正是一帆风顺之会。而顾、黄、王等所遭遇者，则是断潢绝港之时，遭遇满清一绝大之歪曲。东西运会之异，岂不令人长叹息乎？"[1]

与此同时，牟先生亦为顾、王、黄三大儒本身的主观局限扼腕长叹，叹其"理性之功能运用"步步演进，以至逼近同时代西方人之先进观念，却因"不知其如何实现之"，一步之隔，未能转出"理性之架构运用"：

……然在前儒者，只知向往"天下之权，寄之天下

---

[1]《政道与治道》，第173—174页。

之人"之为公，而不知其如何实现之。此如何实现之，是一政治意识。不落于就如何实现之而措思，只说先王之德，或理当如此，则政治意识与制度意识即转为道德意识或教训意识。此即儒者之"理性之内容的表现"，而见其为不足者。[1]

至此，牟先生于前儒"断潢绝港"处再撑一篙，续明儒，辟汉儒，从头撑开孔孟原儒之内核，将新儒家两代人多年运思之结论和盘托出：

——儒教要与现代政治哲学接通，必须在内圣外王这一传统范畴内进行局部改造；改造的关键是让内圣自我坎陷，让外王从"内圣主观功能运用地想"转为"客观制度之架构地想"，外王由此转弯，平面铺开，形成政道与治道的"对待之局"，原儒天下为公的托古理想，通过内圣坎陷[2]、外王转弯、政道与治道呈对待之局这三步"人工的曲折"，演成一个世俗化、非道德化的现代模式；只有这样，老内圣开出新外王，儒教完成局部观念的改造工程，上可续原儒之原旨，下可接现代政治之民主模式，中国政治文化的现代化方是护本有望，亦是改造有望了！

---

[1]《政道与治道》，第195—196页。
[2]"坎陷"，牟先生之特有概念。含自我否定、暂时忘记、让开一步、逆转变化等意。

二

内圣外王，是中国儒家文化的母题，亦是士人百世不易之最高理想。然而这两者之间的千年纠葛，亦使中国士人长受煎熬，成了一个斧锯鼎镬之学。内圣不通，外王流为外霸，弃内圣就外霸，此为汉唐俗儒只知有治道不知有政道之长夜悲剧；打通内圣，以镇外霸，却苦于开不出一个有效有力之外王，"终日袖手谈心性，临难一死报君王"，复为宋明理学之弊，徒为后人讪笑；至明清，好不容易有顾、王、黄三大儒出，似有内圣不坠，兼领外王之破晓迹象。不幸生不逢时，一灭于满清刀兵之灾，二灭于清儒朴学三百年之烟海，纵似火烛高照，亦不免孤灯油尽，湮然熄灭——牟先生总结二千年内圣外王这段痛史、恨史，如快刀破竹，嘎嘎有声；破节之处，如闻裂帛，如听空谷，诚大手笔也！

然而，后人读完这段痛史、恨史，惊憾之余，很可能会产生下述问题：内圣者，道德哲学也，属"仁的系统"，面对价值世界，处理价值判断；外王者，政治哲学也，属"智的系统"，面对事实世界，处理事实判断。前者建立的是应然界，回答这个世界应该如何；后者建立实然界，回答这个世界事实如何。这两个世界是什么关系？是"上帝的事归上帝，恺撒的事归恺撒"，有各自的边界？还是"内圣开外王"，前者为体（内），后者为用（外），双方融成一片？换句话说，应然界与实然界是二元并立，还是一元统领？

　　这样一问，就把外王与内圣的关系还原为政治哲学与道德哲学的关系问题，把政治哲学、道德哲学的关系问题深化为儒家哲学的认知发生问题，在本来似乎是个一元问题中问出个二元问题了。然而，非经此一"逆转"，问题终不得症结，亦不得解决。

　　对此，牟先生毕竟是大家，不可能没有意识。他在《道德的理想主义》一书中，曾从儒家哲学的发生论高度回答了这一问题。他认为，儒家虽然讲"仁""智"统一，实际上只是将"智"统一于"仁"，"以仁为笼罩，以智为隶属"，所以只成就了一个"仁的系统"，失落了一个"智的系统"。他说：

　　　　智成为纯粹的知性，才能与物为对二，而中国以前则必讲与物无对二，心理合一之良知的天理。在心理合一的天理良知中，智是不能与物为对二的，因而亦不能成为纯粹的知性。智不能成为知性，则其所对之物（即"自然"）亦不能外在而成为纯粹的客体，不能成为研究之对象。[1]

　　牟先生此论，潜蕴丰厚。如能充分展开，或能把他的"对待之局"提拎一格，突破政道、治道的外王范围，提

————————

[1]《道德的理想主义》，台湾学生书局一九五八年版，第156页。

到内圣层面，即"仁"与"智"、"应然"与"实然"的认知发生层面上来讨论。顺此思路，我们有可能发现隐蔽在儒家哲学中，有一个"仁"与"智"的错谬关系，而这一错谬关系才恰恰是儒家"内圣外王"这一概念千年相传百世纠葛的遗传密码。只有摸到这一错谬关系，读破这一遗传密码，两千年内圣外王的发生机制方有可能豁然显现，暴露其真正底蕴。此一底蕴，我姑且铺述如下：

（一）儒家哲学虽经千年发展，始终未能划清伦理学对政治学的边际界限，政治学因而未能突破伦理学的母胎，发育成为一门独立学科。儒家哲学表面上呈伦理—政治的宽泛面貌，内里却陷于道德语言的无边际讨论。这种无边际讨论表面热烈、严密，翻过来一看，可能却是政治学的一个巨大"空洞"：几乎无一处无政治学议论，又几乎无一处有真正的政治学讨论。这种政治学的"无"，我们暂定名为：**政治学的失位**。

（二）政治学的"无"又有一个"有"的表现形式：以"错位"掩盖"失位"。政治学"失位"，不等于没有政治学意识。中国儒生政治意识之强，超过世界史上任何一国的知识分子。政治意识定位于何处？不是定位于事实判断，而是定位于价值判断。这样，有多少政治意识，就有多少话语错乱：以"仁"说"智"，以"德"化"政"，以"内圣"开"外王"，以道德话语讨论政治命题，以道德规范代替政治设计，等等。政治意识处处皆"有"，实际上却是处处错位。这种现象，我们暂定名为：**政治学的**

错位。

　　"错位"与"失位",互为表里。"失位"为"无","错位"为"有",虚假的"有"比单纯的"无"更为可怕。因为还有一个"有",人们可以用错位的语言持续错位的讨论,哪怕持续数千年,也不容易察觉"有"之下那个空洞的"无"。这个政治学若有实无的"错位"与"失位",才是"吾国政治学中之严重问题矣,亦是外王理想之真正难关"!内圣与外王之所以千年缠绕,而且越缠越紧,绞杀了一代又一代儒生的思想生命,问题的症结恐怕就在这里。

　　我们由此反观牟先生念兹在兹的先儒政道之精义,如孔子的"天下为公",孟子的"天命"批准和"王霸"之别。仔细研读推敲,那段"天下为公……",描述的是一个伦理模式,并不是一个政体模式;是一个伦理秩序的"理想国",而不是政治秩序的"理想国";它只能给伦理学提供原教资源,不能落实为政治制度操作设计。这样的"理想国",与其说"天下为公",何如说"天下为德"?与其说是"政道"之精义,又何如说是"仁道"之精义?孟子的"天命"批准,以"天不言"为内涵,则是空洞无物,是事后承认,而不是事前规定。既然"天不言"可以批准汤武革命为合法,那么任何一场政治变动都可以获得合法批准,只要它用各种手段做到"天不言""民不言"就可以了。事实上,中国历史中的历次"造反""作乱"又有哪一次不是打着"替天行道"的旗号呢?这种

"天命"批准的理论，其危险不在于削弱了"政道"，而在于给任何一种践踏政治规则的暴力行为提供了相对主义的诡辩。从某种意义上说，新儒家几代人深恶痛绝的"打天下，夺天下"的恶性循环，哪一次不是以孟子的"天命"批准为其口号为其掩护？孟子"政道"精义中有实际内容的，是"王霸之别"。但是，这点实际内容还是落实于伦理规范，而不是落实于政治规划。所谓"王霸之别"，究其实，不也是以道德标准代替政治标准，以应然之判别代替了实然之辨别？孔孟先儒既有"政道"如此，就很难责怪后儒转不过"外王的弯子"，每到要紧关头，总要"以政治意识与制度意识转为道德意识或教训意识"了。

既有内圣之如此，必有外王之如彼。一部内圣外王的千年痛史，如依新儒言路叙述，似乎是有相阻相隔之处。如依原儒孔子所言："为政以德"，"吾道一以贯之"，则是节节贯通，融合无碍，何来"相阻相隔"呢？如果说有"可痛可恨"之处，依新儒责后儒，恐怕也是打错了屁股。外王之所以不转弯，不是外王不争气，而是内圣制约了它的发展逻辑，不必转弯，亦无从转弯。我们与其埋怨后儒之无能，又何如承认先儒之无智？先儒以"仁"说"智"，以"德"化"政"，以"仁的系统"封死了"智的系统"，早已圈划了那个一元论价值独断的闭路循环。外王也罢，治道也罢，落在那样一个封闭系统中，数千年"周旋于此胶彼漆之中"（黄梨洲语），寄生于"德"，吞没于"仁"，失位兼错位，不正是题中应有之义？

反过来说，如果确认内圣为道德哲学，外王为政治哲学，那么，所谓"内圣开外王"，这个中国文化的母题，历代士人孜孜追求的最高理想，很可能是个误用千年的"假逻辑"。说它"假"，是因为从它的逻辑前项推不出逻辑后项，要推，只能越界筑路，推出个"假外王"：政治哲学的道德化。说它还是个"逻辑"，是因为它有一个主观人为而不是客观存在的联系动词："开"，以强行过渡，联结成一个前项推后项的逻辑形式。至于"老内圣开出新外王"，尽管赋有二十世纪的时代特色——要"开出"现代中国的民主、科学，但是，一个"开"字，还是预设了一个以"仁"驭"智"、"智"由"仁"出的逻辑前提，封闭了民主和科学在认知发生上的先决条件："智的系统"之独立。这一封闭，用殷海光先生二十年前的话来说，就是"价值之幕"对事实判断的扑杀。[1] 不破价值之幕，立"智统"无望，立"外王"无望，立政道、立"对待之局"俱无望。

要摆脱上述逻辑缠绕，必须寻找新的发生机制。新机制在哪里？沿着牟先生前述有关"仁"与"智"的思路，向前多走几步，并不难发现。那就是：

从内圣的认知发生处进入，在学理上重新确认"仁"与"智"、价值与事实、应然与实然的关系，将二者一元

---

[1] 价值之幕（value curtain），见殷海光《中国文化的展望》，和平出版社一九八八年版，第432、467页。

化的垂直统领关系，横列为二元化的平面并立关系。只有这样，才能给现代外王，即政治学的复位与重建，构筑一个独立的学理资源，由此发育"智的系统"，并与"仁的系统"平行发展。这个"仁""智"二元并立，才是一个更高层次的"对待之局"。而在认知发生处平面横列的"对待之局"，则恰恰接通卡尔·波普尔关于封闭性社会文化与开放性社会文化那一著名划分——封闭性社会文化的最终标志，是一元化的伦理价值决定。打破这个封闭，建立开放性社会文化的出路，在于确立批判的二元论：价值判断和事实判断的二元并立。[1]

遗憾的是，牟先生似乎也有他的"一步之隔"。就在这个伸手可及的地方，牟先生却也停了下来，转向内圣开外王的旧有言路，提出了他的"内圣坎陷"说：

德性，在其直接的道德意义中，在其作用表现中，虽不含有架构表现中的科学与民主，但道德理性依其本性而言，却不能不要求代表知识的科学与表现正义公道的民主政治。……这显然是一种矛盾。它所要求的东西必须由其自己之否定转而为逆其自性之反对物始成立。它要求一个与其本性相违反的东西，……必须在此一逆中始能满足其要求。……这一步转，我们可以说是道德理性之自我坎陷（自我否定）：经此坎陷，从动态转为

---

[1] 参见卡尔·波普尔《开放的社会及其敌人》第五章。

静态，从无对转为有对，从践履上的直贯转为理解上的横列。……在此一转中，观解理性之活动及成果都是"非道德"的（不是反道德，亦不是超道德）。因此，遂有"道德中立"和"科学之独立性"。[1]

这是一段黑格尔式的语言。内圣如何坎陷？语焉不详，神秘而又费解。人们可以理解的是牟先生这一主观愿望：让道德中立、科学独立，转无对为有对，变一元为二元，以追求一个现代外王。人们难以接受的是牟先生据以推导的逻辑前提：科学与民主为道德理性所要求，前者只不过是后者展示其逻辑内涵的结果。这样一来，岂不是实然产生于应然，这个世界究竟如何还是来源于这个世界应该如何？

牟先生的"这一步逆转"，恐怕不是前进，而是倒退。"这一步逆转"，如果结合他在《道德主义的理想》序言中所列举的"道统""学统""政统"三统说，人们可能有进一步的体会：

一、道统之肯定，护住孔孟所开辟的人生宇宙之本源；

二、学统之开出，此即转出"知性主义"，以融希腊传统，开出学术之独立性；

[1]《政道与治道》，第57—58页。

三、政统之继续，此即由政体之发展而定政治为必然。

从上述"三统"的排列顺序，人们可以看出，在新儒家的理论运思中，有一个强烈的护本情结，要护住儒家哲学的发生论命题：立千年至仁之人极，以人文价值上通于天，下注于地→哲学；为天地立心，为生民立命→伦理；最后导向为万世开太平→政治。这里的"人生宇宙之本源"，在逻辑结构中已潜伏有"内圣开外王"的发展程序，后者即从前者衍生而来。"生"者，发生也。意谓宇宙法则为人所立，由"仁"而出，产生于亦服从于人文价值的应然判断。要护住这个"人生宇宙之本源"，也就依次决定了"仁"与"智"、"内圣"与"外王"的发生关系：前项为万世不易之母本，后项为母本遭遇外来刺激而岔发出来的子本，两者只能是一个母子关系，而不是一个认知发生上的"对待之局"。新儒家的理论运思兜了那么大的一个圈子，最后还是要回到出发地。

剥离出新儒家这个"护本情结"，讨论似可再入一层：可否引领"对待之局"上溯逆取，探入儒家原旨的肺腑之地，即"人生宇宙之本源"？

三

波普尔划分封闭性社会文化与开放性社会文化，其最终定义为何落在价值判断的一元决定论和价值判断与事实判断的二元并存论？恐怕只有回顾中西认知观念不同的发生逻辑，才能有所体悟。

让我们从牟先生提到的希腊传统开始。

在公元前五世纪的希腊城邦，曾经有过一场跨世纪的街头大辩论。辩论的焦点在于：自然法则与社会约定俗成的价值法则是平行关系，还是隶属关系？如果是隶属关系，那么，究竟是谁隶属于谁？

这场辩论的参加者都是街头市民——业余哲学家。但是这批业余哲学家提出的问题却规范了后世职业哲学家千年运思的基本流向：人与物的分离，应然与实然的分离，价值与事实的分离。可以说，这一分离是西方人最早撑开的文化母题，最早撑开的一个 Co-ordination——对待之局。

能否意识到这一分离，至关重要。这一分离，意味着一个异己之物的出现——"它"。"它"的出现，意味着"我"的觉醒。有"它"无"它"，可以说是西方哲学与儒家哲学的一个最早分野，也是迄今为止的最大区别。有了"它"，人即意识到"它""我"对峙的二元局面，意识到了人生活于实然与应然这两个世界夹缝中的尴尬处境，也就从头消解了树立"千年至仁之人极"的无妄努力。一百年后，希腊第一批职业哲学家泰勒士等人上场，就是在这一"非人化"的精神氛围中开始了他们的运思活动。这批人与其说是人文哲学家——我面对着"我"，不如说是自然哲学家——我面对着"它"。他们先后想到过各种各样的"它"：水、火、气，乃至原子，都可能是宇宙的本源，唯独没有"我"和"我"的道德法则也可能是宇宙的本源。或许普罗泰戈拉例外，提出过"人是万物的尺度，是存在之存在的尺度，也是存在之不存在的尺度"。然而，普氏此论只是西方认识论历史上最早出现的疏离论，怀疑人为存在立法是"我"之自我设定，与"它"并无关联，亦不能沟通。这样的怀疑论反而掘深了"它""我"之间的鸿沟，对于深信人生宇宙之本源，即"我"生宇宙之本源的中国儒家来说，距离更为遥远。

希腊的政治哲学发轫于柏拉图。柏拉图表面上承继了苏格拉底关心人文世界的遗教，著有《理想国》一书，专致研究"我"——人文世界的政治现象。但是细读《理想国》，就会发现柏氏骨子里充满着"它意识"：对此岸人文世界的疏离，乃至蔑视。《理想国》实质上是一个以主观精神为形式的客观之"它"，是"它"的理念化、概念化。柏拉图把雅典先人遗留的那个"对待之局"转换成这样的模式：彼岸理念与此岸摹本的"对待"，彼岸本体与此岸现象的"对待"。他认为，此岸人文是彼岸理念的赝品，而且天性下流，向下堕落。用这一思想来观照儒家教旨，不啻宣判了"天人合一"的死刑：人，不过是天的粗鄙摹本，何来"参天地、赞化育"，更何来"为天地立心""树千年之人极"？西方政治哲学以这样一种灰色的二元论开头，与儒家伦理—政治一上来就是对人文世界的一元论"自我"崇拜，适成一意味深长之对照。

　　古希腊哲学的晚期代表是斯多葛学派。这一派人以消极厌世著称，而正是这种消极态度使他们产生了一个具有积极后果的自然法思想。他们认为，人文社会只不过是大宇宙中的小宇宙，必须受制于外在之"它"的自然法则——Logos，即逻辑。人的社会法则出于人的动物性动机——保护私利的需要，在相互之间制定的对等契约。人通过这种低下的动物性动机而不是高尚的道德理性将"它"的逻辑引到了"我"的世界——社会领域，这就是自然法思想。这一思想到了近代一旦展开，就产生了谁也想不到的一个爆炸性思想体系：社会契约论。

　　希腊思想的这一终结，似乎有点"它我合一"即"天人合一"的气味，故而有可能被援引为"天人合一"的海外例证。但是，海外"天人合一"与儒家"天人合一"有着根本不同：

　　（一）前者是宇宙生人，从"它"看"我"，人的哲学从自然哲学导出，产生于"智的系统"，引出的是一种世俗化、非道德化的客观性政治思想；后者是从"我"看"它"，人生宇宙，宇宙面貌是人的复制，产生于"仁的系统"，引出的是"为政以德"（孔子）的主观伦理化政治哲学。

　　（二）前者把社会现象看成是自然状态的一部分，承认"恶欲"的自然性动机为合法，故而社会政治如任何自然现象，首先是客观认识之对象；后者以德配天，以德之价值判断泛化天地自然，不承认"恶欲"是人的自然本性，纳社会政治入德之教化，只是教化德化之对象，不是客观研究之对象。

希腊之后的罗马世界，并无哲学建树，只有法律建树。但是，恰恰在罗马人的法理体系中却保存有古希腊思辨模式中最可宝贵的一个"形式因"：在世俗法律体系之外，对待一个"它"，从自然法则中推导出来的法中之法——永恒法。此岸俗法的所有合法性都源于这个永恒法，源于其自然法则之背景。反过来，由于永恒法处于抽象状态，留有解释与再解释的余地，于是就给此岸俗法造成了被批判、被改造的广阔可能。永恒法成了一个永恒的批判者，此岸社会法规与人文约定就不能最终合围，形成一个自圆自足的封闭体系。

基督教在罗马世界中崛起，彼岸那个永恒的对待者、批判者从物化之"它"，走向了拟人化之"他"。希腊之理念、逻各斯、罗马之永恒法、希伯来之天神，逐渐凝合成一个拟人化之"它"——上帝之"他"。彼岸之"他"与此岸之"我"相争千年，上帝之城与世俗之城构成了西方历史上最为漫长的一个对待之局。在这个对待之局中，基督教以神之应然规约人之实然，似乎又有了与中国儒家德化政治相接近之迹象，实际上还是貌合神离。"神离"处有二：

（一）基督教之德化，建立的确是对上帝之"他"的迷信，但是，这种迷信反过来又破除了对此岸之"大我"——世俗政治秩序的迷信。中国政教合一的学理在于：依天下为公之理想，政治是德化之结果，故而原儒寄望于圣人在位，后儒寄望于明君贤相。圣人在位实是空悬，落实的只能是俗君俗相。此岸俗世之君相由此成为理想实现之结合对象，此岸俗世之政治秩序亦因此成为理想实现之必由之径。西方政教分离的学理在于：天下为神，如若转换为天下为公，这个"公有制"倒必须通过"神有制"这一步"逆转""人工之曲折"方能实现。因此，凡天下之人，无论是圣人、明君、贤相，皆为原罪待洗之人，是被批判者，而不是结合对象，更不是天下可寄可托之人。这样，像黄梨洲那样千古一现的非君之论，在西方，虽愚夫愚妇亦能家常道来，也就算不得"晴天霹雳之语"了。

（二）基督教之德化，亦破除了人对自我价值的迷信。它在内容上是颠倒的，以神之应然批判人之实然，但在形式上却是二元的，保存了西方自希腊沿袭而来的思维模式上的对待之局。它通过神学形式开辟了"它"与"我"之间的拉锯战，而不是一个人文价值自修自养、自圆自足的闭路循环。儒家之德化，则是"正心、诚意、修身、齐家、治国、平天下"。这个德化政治系统是个人道德的逐级放大，插不进任何一个外来之物——"它"，或者"他"，当然容易从人到仁，树立起人对人的自身崇拜：千年至仁之人极。

基督教的负面在于：神之应然扩张过度，压抑了人之实然。即使有对待之局，这个对待之局也是向着神极严重倾斜的世界。这一倾斜在近代人文主义思潮兴起后，才逐渐矫正过来。十五世纪前后，在但丁、彼特拉克、莎士比亚等人的文学作品中，对人的欢呼、惊叹几乎盛极一时，俯拾皆是。这个时候，是西方历史上第一次出现有可能树立"千年之人极"的机会。然而，人极方欲树立，近代自然科学亦开始勃兴，在"上帝"的废墟上崭露出科学理性的峥嵘头角。彼岸拟人化的"他"，还俗为物化之"它"。而这个物化之"它"一旦第二次出现，则比那个第一次出现的"它"更为真实、更为直接，亦更为有力地抗衡了此岸之"我"的单向膨胀。倾斜的天平经过剧烈的摇晃，最终还是走向了新的平衡。

自然科学的第一次冲击，来自与人文主义思潮几乎同时兴起的近代天文科学。哥白尼的太阳中心说推翻了基督教神学的天文学依据，也致命地打击了刚刚抬头的人类自我中心论：既然地球不是宇宙的中心，那么，这个地球上的居民又有何理由自诩为宇宙的中心？

第二次冲击来自上一个世纪的达尔文。如果说，哥白尼学说在空间位置上否定了人类中心论，那么，达尔文的学说则在时间序列上否定了人类中心论。既然人类是从灵长类猿猴演变而来，而且至今还处在有机界的演化序列中——"我"至今还处在"它"的序列中，那么有什么理由一定说：自然向人生成，人是自然的目的？

晚近的一次冲击则来自本世纪的弗洛伊德。弗氏在人文价值的基石——理性结构的下面，挖出了一个不见天日的自然结构：本我、自我和超我。这个人心"内部之我"，很可能是一个更为疏异的"内部之它"。这个"它"更无情，继哥白尼、达尔文之后，"它"不仅迫使"千年人极"直面外在之自然，而且迫使其直面另一个自然，一个更为森然之自然——人心内在之自然。外在自然与内在自然同时迫近，人类将不得不从头思考那个在雅典街头曾激动人心的古老话题：人类的尴尬处境。这一处境用帕斯卡尔的话来说，就是"人对自然的比例问题"。换言之，即："我"对"它"的比例问题。当外在宏观与内在微观的两个无限从两头逼近时，"人就迫不得已以这种或那种方式低头，从而发现有极大的理由应该谦卑"[1]。

类似的冲击还可举出一些。当然，人文主义之反击亦并未停止。时至今日，科学理性与人文倾向的拉锯还在进行。就在这种拉锯中，两者形成了一种相互解毒、相互抗衡的健康张力。一方面，是此消彼长、彼消此长的历时态发展，另一方面，则是"它"中有"我"、"我"中有"它"的共时态交错，两者大致处于一个内外动平衡状态。而这个动平衡，也恰恰是西方"仁"与"智"、应然与实然、价值与事实两方面数千年"对待之局"，流经当代思想河床所呈现的一个二元格局。从某种意义上说，整个西方文化的生命力——开放性、可批判性，均表现于此。

也正因为在认知系统上有二元论的相互制约，西方伦理学与政治学才能够各领资源，平流竞进。伦理学并不

---

[1] 帕斯卡尔：《思想录》，商务印书馆一九八五年版，第 28 页。

吞食政治学，政治学亦无失位、错位之虞。当伦理学高扬人之应然的时候，政治哲学亦毫无愧色地从低调进入，直视人欲、人私、人之低下，直视人与自然相联系的种种实然；并且以此导源，以"人之初，性本恶"而不是"人之初，性本善"为政治学的发生基础，才能认识"绝对的权力导致绝对的腐败"（阿克顿），才能承认"政府乃必要之恶，只能防范，不能轻信"（潘恩），才能设计"以恶治恶，以权力制衡权力"（孟德斯鸠）。只有这样，仁智分途，各司其职，仁以扬善，智以驭恶，才"开"出了一个牟先生念兹在兹的"现代外王"——一个不以人的应然而以人的实然所造成的不得不然——必然之法制，必然之宪政，必然之民主"治道"。

因此，所谓西方之对待之局——牟先生倾慕的现代外王之观念模式，**不是一个政治操作问题，而是一个认知发生问题；不是一个"外王"问题，而是一个内圣问题**。它是从认知发生处起源，顺流而下，节节打通，流经政治操作层面，才顺应"开"出一个二元对待之局。从思想史源流这一特定角度而言，政治操作上的对待之局，可以说是认知系统对待之局的逻辑产儿。没有认知系统上波普尔所说的二元对待，就不会有政治系统上牟先生所说的对待之局。

通过儒家"内圣外王"历史的纵向回顾，以及中西认知系统的横向对比，我们似可得出以下三点认识：

（一）儒家哲学是一种"无它"哲学，这是儒家文化与基督教文化的根本区别，亦是儒家文化的致命缺陷。由于有"我"无"它"，儒家难以建构一个事实判断系统，只能向着价值判断的单一向度片面发展，无限扩张，造成了一个独木支撑的"千年至仁之人极"；其内部结构是一元论价值独断的连锁结构，其外部特征则呈自圆自足的封闭面貌。儒家成为中国文化的主流以后，整个中国文化表面上呈浓厚的伦理色彩，实际上却掩盖了其内部结构无从批判、无从开放的致命缺陷。

（二）"无它"哲学的认识论后果是封死了"智"的发育，切断了政治学得以独立的学理资源，故而儒家政治学始终处于"仁"的笼罩，失位兼错位，无从独立。如果不从儒家认知系统的上游疏浚"我"与"它"、"仁"与"智"的基本关系，仅从政治学的下游作应用性分流，那么，这样的局部改造只能是"中体西用"的又一个翻版，似难获得预期的成功。

（三）以牟宗三为代表的新儒家在整理内圣外王的国故遗产时，表现出独到的理论创意和坚韧的道德勇气，不容轻蔑。然而，其拨现也，于此；其遮蔽也，亦于此。由于他们回避了儒家文化遭遇现代冲击所发生的结构性危机，坚守返本方能开新的"护本情结"，未能迈出最为关键的一步——从认知系统而不是从应用层面上改造儒家教旨，因此，他们的"坎陷说""三统说""老内圣开出新外王"说都是一些治标不治本的方案，当代思想史上这场巨大的理论发现很可能会导致一场巨大的理论流产。

总之，真儒、原儒之精神，如果确如新儒所言，是一个大推开、大撒开、一切放下、当下即是，那么，似应推得开门户之见，撒得开先儒之得失，放得下"千年之极"，以进入一个新的言路讨论问题。果真如是，则不应是内圣向下"坎陷"，而应是沿外王之难向上追索，溯流探源，进入儒教之内核，在认知系统的发生处"撑开"一个根本性的"对待之局"。这个"对待之局"不是别的，正是波普尔所指称的价值判断与事实判断相互并存的二元格局。果真如是，儒家文化引"它"入"我"，唤醒此岸之我的真正觉醒，"智的系统"从"仁的系统"突围而出，政道与治道的"对待之局"获得独立资源，现代外王可望最终树立，中国政治文化的现代改造则可谓幸莫大焉。

（本文发表于《探索与争鸣》一九九一年第六期，香港中文大学《二十一世纪》季刊一九九二年二月号转载）

迟到的理解

沉魄浮魂不可招，遗篇一读想风标。

不妨举世嫌迂阔，赖有斯人慰寂寥。

——王安石

顾准遗篇——《从理想主义到经验主义》，在香港三联书店出版，海内外产生相当影响。人们痛惜顾准去世太早，得到理解太晚，这样的思想史悲剧过去有，现在有，将来却不该再发生了。为此，本文作者走访了顾准六弟、《从理想主义到经验主义》一书编辑者——陈敏之先生。现根据陈敏之先生回忆，介绍顾准先生蒙冤受难以及晚年临终的情况，以回应知识界、思想界对这位已故思想家的怀念。

顾准早期在中共党内命运多蹇。抗战前后，他在上海领导职委工作，因与领导意见相左，即遭批判。一九四九年后任华东军政委员会财政部副部长、上海市财政局局长兼税务局局长。终因刚直不阿，言行殊异，连遭厄运，而且一次比一次深重，再也没有抬起头来。

第一次冤案发生在一九五二年。当时，党内在税收具体做法上发生分歧。来自北京方面的指示是，发动工商联成员民主评议。顾准则认为，这一做法可能引起很不公平的后果，应该利用上海民族资本企业账册俱全这一现代条件，通过"查账征税"的办法，完成税收任务。一九五二年二月二十八日，《解放日报》在头版头条赫然刊出顾准"错误"——目无组织，自以为是，违反党的政策，与党对抗。之后，顾准即被撤销一切职务，调离上海。

第二次冤案发生在一九五七年。当时，顾准随中国科学院组团赴黑龙江，勘察中苏边境水利资源。顾准为维护中方主权，抵制苏联大国沙文主义，触犯时忌。人未返京，一份反动言论集已整理在案。公开见报的罪名是这样一句话："现在，让老和尚出来认错已晚了。"顾准抵京，立刻被扣上"右派"帽子，新账、老账一起算，反复批斗。

第三次冤案发生在一九六五年。顾准有一外甥，时在清华大学念水利，在同学中组织了一个"马列主义研究会"。在学校清理思想运动中，这个研究会的头头主动坦白交代，引起康生注意。康生意欲从顾准下手，顺藤摸瓜，把同在中国科学院经济所的孙冶方、张闻天编织在一起，打成有组织的反党集团。隔离四个多月的严厉审查，证明在组织上毫无瓜葛，顾准却因此第二次戴上右派帽子。在全国范围内，如此两次戴上右派帽子者，实属罕见。

六十年代的政治气候下，顾准上述遭遇，势必祸及妻子儿女。子女出于对父亲的不理解，与之疏远，乃至断绝关系，不难理解。一九六六年，顾准被迫与妻子离婚，搬离家庭。次年回去取书籍衣物，久唤门不开，后来还是邻居帮助他把东西搬下了楼。不久，又被迫签具了断绝父子、父女关系的声明。从此，顾准蛰居中科院一斗室，以冷馒头度日，再也没有迈进过家门。

也就是在这段日子里，顾准开始了他忧愤满怀的十年研究计划。但是，他内心却割不断对家庭子女的钟情。一九六二、一九六三年苦熬心力，译述两大本著作，部分原因即为了挣点稿费，借以改善家庭经济。一九六九年那么艰困的条件下，他还是买了一只表，准备送给长女；同是在这一时期，他另外准备了一套被褥，打算有一天孩子们去看他时能用上。离家分居时，他什么也没带出，后来思念心切，从陈敏之处收集子女的照片，一一粘贴在照相簿中。一九七二年从河南干校回北京，他探询到子女地址，曾写信要求会见，信中说："现在还谈不上我对你们尽什么责任，不过，我积存了一些钱（补发的生活费）和粮票，可以资助你们。"信中所附，是他刚回北京后拍的八张半身照片，并特别说明，如果子女和亲属中谁看到了想要，可以给他。此外，还有一张他在艰难岁月中节省下来的油票。

一九七四年九月，陈敏之赴京，与顾准相处了半个月。顾准劝陈敏之，勿为时势所动，从头研究西方史、中国史，并商定了京沪两地的通信讨论方式。《从理想主义到经验主义》一书辑录的顾准思想，就是后来两地通信答疑的结果。在那次会见中，顾准不止一次地提到他对子女的思念之情。陈敏之劝他，这实在是鱼与熊掌，不可兼得。他似乎同意了这个结论。有一次，他们一起坐在紫竹院湖畔的长椅上，周围异常寂静。顾准情绪激动，长叹一声说："这个问题，在我总算解决了。"其实，这个问题只不过是深埋在心底而已。他心中蕴藏舐犊之情，随时都会迸发出来。后来病危临终，他对七弟反复说："我想他们，想得好苦呵，想得好苦呵！"

另一方面，顾准又是个孝子。他虽年届六十，却始终牵记九十高龄的老母。从几个弟妹的童年时代起，顾准即肩负起全部家庭生活的重担，几十年来一直和母亲生活在一起，可以说相依为命。一九六五年，顾准处境恶化，不得不将母亲迁至太原三妹处。一九六六年，母亲随三妹一家迁来北京，住处与顾准相去不远。终因形势所迫，咫尺天涯，母子始终未能见面。

不能见面的原因并不复杂。顾准妹夫当时正任部级官员，为避免对他有所影响，顾准和母亲只能回避。一九七二年前后，母亲曾提出想见见顾准，遭委婉拒绝。年底，陈敏之赴京，也曾设想安排母子见面，亦未如愿。离京前，陈敏之与其妹只能达成这样的协议：将来母亲病危进医院，立即通知顾准，让母子在医院见面。

一九七四年十一月初，顾准咯血不止，先于母亲住进了医院。十一月十六日，经济所党内外群众经过讨论，一致同意给顾准摘除"右派"帽子。通知抵达病床，顾准的生命只剩下十七天时间了。母亲闻讯后提出要到医院去："已经十年不见，想去见见。我本来想在我病倒的时候，让老五（指顾准）来服侍我，想不到他现在竟要先我而去了。"老人是噙着泪水说这番话的。噙忍十年的泪水，再也忍不住，默默流淌下来。

老人态度很坚决。路远，可以找出租汽车；楼高，有电梯、手推车。最后还是陈敏之劝阻了母亲，不料却因此造成陈敏之的终生悔恨——母子十年生离，临终死别，顾准走在了母亲前面，还是未能相见！陈敏之当时深虑母子见面一恸，会产生更大的悲剧，故而加以劝阻。事后证明，他由此造成的愧疚却再也不能弥补了。

顾准临终前，欲见子女亦不得。陈敏之为疏通其子女对父亲一生的理解，一九七四年十一月九日，曾给顾准长女、长子写有一信。此信在当时顾准尚未摘帽，政治气候尚未解冻的氛围中，需要一些胆识。即使在今天，亦可一读：

历史上有许多先驱者（社会、政治、哲学、自然科学各个领域），不被当代的人们所理解，被视为异端，这种情况并不罕见。你们的爸爸虽然还不能说是这样的先驱者，但是据我所了解，我敢断言，你们对你们的爸爸实际上一点不理解。他比我和你们的目光要远大得多。许多年来，他不过是在探索着当代和未来的许多根本问题的答案，如此而已。如果认为作这样的探索就是一种该死的异端，那他决不是一个真正的马克思主义者。如果有人以有他为辱，我却以有他这样的哥哥为荣。

在家庭关系上，他深深地爱着你们的妈妈。自从你们的妈妈不幸去世以后，他又把全部爱情倾注在你们身上。我相信，这一点，你们是会感觉到的。这一次，他又向我表示：希望和你们兄妹五人都见见面。他还问我：如果他这次不幸死去的话，你们会不会去看他？对于这个问题，我当然无法代你们答复，这只能由你们自己答复。

〔顾准用铅笔在此处加注：如果我临死的话，我还是希望见见你们。一是请你们原谅（妈妈说我害人，我实在害了你们），二是祝福你们。〕

关于你们爸爸所说的"害了你们"，我想作一个注解。一个忠实于自己的信念作探索的人，往往不能两全——既忠实于自己的信念，又顾及家庭，这就是演成目前的悲剧所在。

陈敏之后来将这一悲剧称为"两代人的悲剧"。然而，有道者不孤，即使是在那个黑暗年代，顾准的精神与思想在青年一代中也不是没有感召者、敬仰者。与陈敏之上述信件相隔八天，临终前的顾准收到了一个年青姑娘来信。这封信更可一读：

获悉你病重的消息，真是悲痛万分！我实在无法用语言来形容我此时此刻的心情。我不能失掉你，你是我的启萌（蒙）老师，是你教给我怎样做一个高尚的人，纯洁的人，一个对人类有所供（贡）献的人。

几年来我们在一起的那些日子（指经济所一锅端到河南息县劳动）像电影一样在我眼前出现。东岳（河南息县所属）的月光下你告诉我要像小孩捡石子一样为自己收集知识财富，从那时起我才下了活一生学习一生的决心。你对我讲一个人在任何时候都要为自己寻找一个目标，即使明知这个目标是自欺其（欺）人的，也要向着这个目标去奋斗，否则你生活就没有中心。在这一点上你就是这样做的，你对我起了以身做（作）则的作用。

听说你的孩子还是不恳（肯）来看你。我想你也不必过于为此伤心，我就是你的亲女儿。尽管不是亲生的，难道我还不能代替他们吗？

我知道泪水是救不了你的，只有用我今后的努力和实际行动来实现你在我身上寄托的希望，这样才是对你最大的安慰。

这封信写于一九七四年十一月十八日。每一个中国人都会记得，这是个什么年月。顾准当时读信，即在病榻上流下了眼泪。

此信作者徐方，小名咪咪，是经济所张纯音女士（已故）之女。一九六九年十一月，经济所迁离北京时，咪咪十五岁，随母南迁。在干校期间，咪咪给予顾准最难得的关心和理解。她常常偷偷地送一些奶粉给顾准补养身体。她对顾准的同情随着理解加深与时俱增，以至顾准成了她年幼心灵最敬仰的人。她与顾准的忘年之交，后来在顾准的遗嘱中得到了反映。

遗嘱立于十一月十五日。当时，陈敏之根据顾准病中口述，整理出一份如下初稿：

我与学问、政治已无能为力，这是我唯一的遗憾。

我热爱生活，我知道生活在人间的日子已经有限，我将勇敢地迎接死亡来临。

对于所有关心我的朋友和同志，尤其是于里夫、耕漠两位老友对我真挚的关注，表示衷心的感谢。

我生前所用全部遗物交给重之〔注：顾准幼子〕；在京存款（补发的生活费，现由六弟交给母亲保存）交给淑林，并入妈妈的遗存；在上海现由六弟保存的存款伍佰元赠于里夫老友。

我所有的全部书籍交给六弟并由他全权处理。遗稿：（一）有关希腊史部分交给吴敬琏同志；（二）其他部分均由六弟全权处理。请六弟选择一些纪念物品代我送给张纯音同志和她的女儿咪咪。

医院认为我的病例特殊，如果需要，我的遗体愿供解剖。我的骨灰倒在三里河中国科学院大楼（前经委大楼）前面的小河里。

祝福我的孩子们。

顾准看完初稿，认为前面两段是空话，删掉。关于遗体供医院解剖，是他嘱咐陈敏之后添进去的。十一月十七日修改稿抄录了两份，由他过目以后签了字。

令人感慨的是，顾准遗嘱的最后一句话，还是"祝福孩子们"。当时陪伴他的一位老友为之黯然，称之为"英雄肝胆，儿女心肠"。使人欣慰的是，顾准这份"英雄肝胆，儿女心肠"终于在他去世之后得到了理解。

顾准于一九七四年十二月三日凌晨去世。弥留时，经济所吴敬琏在身边。这个当时还年轻的经济学家，遵嘱接过顾准有关希腊史研究遗稿，以后协助《希腊城邦制度》一书出版。那本书在八十年代初的大学校园内广泛流传，教育了包括本文作者在内的整整一代人。

一九八二年前后，顾准子女获悉陈敏之处保存有一份父亲的通信笔记，向他索要去传阅。这份笔记就是后来陈敏之整理出版的《从理想主义到经验主义》。一九八四年二月，大女儿寄来了一份"读者附记"。"附记"说：

我逐年追踪着父亲一生，一九五七年以后，他是一步一步从地狱中蹚过来的呀！他的深刻的思索常常是在数不完的批斗、侮辱甚至挨打之中完成的，在他最需要亲人的时候，亲人远离了他，可是恰恰他的思索，包含着更多的真理。人生只有一个父亲，对于这样的父亲，我们做了些什么呢？

"附记"引用了爱因斯坦悼念居里夫人时说过的话:

第一流人物对于时代和历史进程的意义,在其道德方面,也许比单纯的才智成就方面还要大。即使是后者,它们取决于品格的程度,也远超过通常所认为的那样。

知父莫如女,尽管这是一份迟到的理解。然而,迟迟不解顾准者,又何止他一个女儿?我们整个社会都是在十年之后蓦然回首,惊讶顾准之先知、顾准之预见!而这个社会最需要思想的时候,这个社会却已经把它所产生的思想家悄悄扼杀了。

"附记"随之提出了一个严肃的问题,这一问题之意义远远超越了顾准及其亲人的家庭悲剧:

真正严峻地摆在面前的,是需要解决这样的一个悖论——为什么我们和父亲都有强烈的爱国心,都愿意献身于比个人家庭大得多的目标而却长期视为殊途?强调分离时间太久,搞技术工作理论水平低,等等,都仅仅是外部的原因;问题的关键在于,我们所接受和奉行的一套准则,为什么容不进新鲜的、可能是更为科学的内容?究竟是哪一部分需要审查、更新,以避免今后对亲人以至社会再做蠢事?对于一个愿意严肃生活的人,必须有勇气正视、解答这些问题,并且承受代价。

　　不愧是顾准的女儿。她理解父亲，迟到了十年，却提出了一个十年后的今天也未必已解决的问题。遗憾的是，顾准已听不到这一追问了。他把追问留给了活着的每一个人。

　　（本文发表于《文汇报》一九九三年五月十四日）

地狱里的思考
——读顾准思想手记

> 要有笔杆子，要有鲜血作墨水的笔杆子。

> ——顾准遗言

严格说来，这不是一本遗著，不是一本为出版而写作的专著，而是作者生前应他的胞弟陈敏之先生之要求，断断续续写下来的一本思想手记。写作时间从一九七三年至一九七四年，作者最终被迫害致死为止。那是中国当代史上最黑暗的时期之一，女儿说他，是从地狱中一步步蹚过来的。

一、顾准其人

顾准，中共早期革命家，知识分子干部。一九一五年生于上海，家贫失学，十二岁入潘序伦创办的立信会计事务所做练习生，十六岁即能登立信会计夜校讲学。一九三四年参加中共，一九四九年前已任中共江苏省委文委副书记。在党史学所称白区工作时代，顾准才华横溢，锋芒早露。然而也恰因此，他在党内连遭批判，早早开始了精神磨难史。

一九四九年随军入城，顾准曾任上海市财政局局长兼税务局局长、华东军政委员会财政部副部长。五十年代第一个政治运动"三反整党"中，被撤销一切职务。之后，又因"言论罪""思想罪"，分别于一九五七年、一九六五年两次被打成右派。

六十年代初，顾准调入经济研究所，沉潜于理论思考。当时，中国经济学界有一激烈争论——"价值规律在社会主义经济中的作用"，最早是他向孙冶方提出这一观点，孙文发表后，引起轩然大波。这一时期他还著有《希腊城邦制度》，译有熊彼特《资本主义、社会主义和民主主义》（当时只能署名为"绛枫"）等。此外，私下写有大量思想笔记，可惜都毁于抄家或牢禁之灾。《希腊城邦制度》在他死后出版，一时洛阳纸贵。对于一九七七年后考入大学的中国"解放的一代"，此书起过重大启蒙作用，那一代人恐怕至今难以忘怀。

一九六六年以后，顾准处境更为恶化。妻子自杀，子女断绝关系，有母不能相见。人海茫茫，孑然一身，他确实到了困守斗室，以冷馒头度日的凄惨地步。就在这段人不堪其忧的日子里，他却早出晚归，悄然往返于北京图书馆，立愿以十年时间先研究西方历史，后研究东方历史，包括哲学、经济、政治、文化等，以达成"对中国未来前途之探索"。"破帽遮颜过闹市"，"躲进小楼成一统"。《从理想主义到经验主义》一书所汇编的那两年笔记，即部分反映了他这一阶段的心路历程。然而这一宏大研究计划还未全部完成，终因多年迫害，压抑成疾，于一九七四年十二月郁郁而逝。

二、顾准之先知

顾准先生生前未见平反。但是，他预见到了十年，甚至二十年后中国思想界的划时代转折，点破了中国思想界后来讨论的诸多热点。本书序言作者称顾准比他那代人整整超前了十年，实不为溢美虚言。现择其大端，试列如下：

（一）语言问题。当代西方哲学的语言学转向，意义重大。顾准廿年前即已言及此义，且如话家常，平实道来，态度远比后来拾人牙慧者诚实、恳切。

（二）韦伯问题。笔记表明，顾准七十年代初已知韦伯，却无缘读到韦伯原著。但是他通过自己对早期资本主义的研究，说出了韦伯，说出了与韦伯相同的结论，并指出了《资本论》在这一问题上的不足之处。

（三）雅斯贝尔斯问题。顾准同样与雅氏理论无缘相识，但是他有一则史学笔记，题为《公元前七至六世纪恰好是我们的春秋时代》，他对比研究这一时代中国"史官文化"与希腊早期文化，得出了与雅斯贝尔斯"轴心时代"理论大体相符的认识。

（四）市民社会问题。顾准之远见，使他早二十年发现了这一概念的重要性；顾准之诚实，又使他发现之后，并没有后人那种奇货可居的心理。他几乎预见到二十年后中国学人对这一概念的泛化。针对六十年代当时流行的某种学术观点，顾准有言在先：不能忘掉"资本主义并不纯粹是一种经济现象，它也是一种法权体系。法权体系是上层建筑。并不是只有经济基础才决定上层建筑，上层建筑也能使什么样的经济结构生长出来或生长不出来"。

顾准的这一思想，促使我们冷静思考，在今天讨论"市民社会"，是否应剥离出两种内涵、两种前景？一是具有顾准所言法权体系、上层建筑的同步改革，"市民社会"确有可能向现代意义的"公民社会"转化；二是没有甚至拒绝法权体系、上层建筑的同步改革，"市民社会"则有可能演变为畸形的"民间社会"，如西班牙、意大利南部的非理性社会，或称准黑色社会。正是在这个意义上说，上层建筑的改革须与经济基础的改革同步。这是一个至关紧要的问题，十年来，中国改革的迂回曲折，无不印证顾准之先见。

其他如波普尔证伪理论、库恩范式理论等，顾准近二十年前皆已点到。甚至连亨廷顿关于政党政治发育阶段的理论，顾准点化"文革"中两派内战的现象时，亦有触及。诸如此类先见之明、惊人之语，手记中几乎俯拾皆是。诸多问题，聚焦为一个苦苦思索的焦点，用他自己的话来说，那就是——

一九一七至一九六七，整整五十年。历史永远在提出新问题。这五十年提出了以下这些问题：

一、革命取得胜利的途径找到了，胜利了，可是，"娜拉走后怎样？"

二、一七八九、一八七〇、一九一七，这一股潮流，走了它自己的路，可是还有另一股潮流，两股潮流在交叉吗？怎样交叉的？它们的成果可以比较吗？前景如何？

三、一七八九、一八七〇、一九一七，设定了一个终极目的。要不要从头思考一下这个终极目的？

三、"娜拉走后怎样？"

顾准之笔记，可读为一个思想者的"娜拉出走"之手记。顾准之"娜拉"，非易卜生之"娜拉"，它包含着更为广阔领域内更多人们的思想出走信息：

自十七世纪以来，有两股革命潮流。一是英、美革命，导向典型的资本主义。一是一七八九年和一八七〇年的法国革命，同时展示出消灭资本主义、走向社会主义的趋向。这种趋向，按两次革命本身来说，是不可能成为现实的。马克思在哲学、政治、经济学上辛勤努力地证明这种趋向可以成为现实，以及如何成为现实……

在这里，顾准点破了两大思想"要穴"：

（一）以法国一七八九年、一八七〇年起义革命为结构中心的近代世界史框架，是现代意识形态话语结构的学理支援，必须推倒重论；与此同时，以一六八八年英国革命、一七八七年美国立宪为标志的"另一股潮流"，则应公正评价。否则，难以寻找"娜拉出走"后的思想出路。

（二）马克思主义与法国革命政治传统之间的内在联系，亦应从头疏浚，西方即有称法国革命是马克思主义第四来源者。非如此，则难以清理阻碍"娜拉出走"的观念障碍。

这两大思想"要穴"，是现代学术神话与意识形态话语互为奥援的脏腑之地。

顾准发现，"一七九三年法国国民公会是马克思列宁无产阶级专政的原型"，"一八七〇年巴黎公社则是无产阶级直接民主制的历史根据"，而所有有关直接民主制的原则规定，则来自马克思对这两次法国政治事件的意识形态性总结——一八七一年的《法兰西内战》。《法兰西内战》的原则是高尚的，但它自问世以来，即有三大"问题"：

一是原则所由出的那两大现实事件，都是失败的事件。

二是原则所由出的历史根据，只存在于古希腊"城邦国家"，不适合近代大国众民的"民族国家"。一七九三和一八七〇年的失败，在很大程度上即是复希腊之古的失败。

三是原则一时获得胜利的某些实践,后来走向了反面。

"所以,问题的焦点只好退一步,"顾准说,"不要奢求人民当家做主,而应考虑怎样才能使人民对于政治的影响力量发展到最可能充分的程度,防止行政权发展成为皇权。唯一行得通的办法,是使行政权不得成为独占的,是有人在旁边'觊觎'的,而且这种'觊觎'是合法的,决定'觊觎'者能否达到取而代之的,并不是谁掌握的力量比谁大",而是给人民群众以选择政党政纲的投票权利。顾准的这一观点,表面上是降人民之格,实质上是祛专制之弊,同时,也给众多"娜拉"出走扫平了道路。

难能可贵的是,顾准在破除直接民主制神话的同时,并未陷入对议会代议制的另一种神话。他完全摒除了理想主义者在问题转换之后仍有可能继续存在的思维定式,采取的是彻底经验主义的态度:"至于弊病,哪一种制度都有……这个人世间永远不会绝对完善,我们所能做到的,永远不过是'两利相权取其重,两害相权取其轻'。"这种以经验主义而不是以理想主义论证民主制度的理论态度,与本世纪最杰出的西方思想大师如海耶克(Hayek)、伯林(Berlin)、贡布里希(Gombrich)等,几乎不谋而合。

顾准继而破除一七九三年潮流所发源的另一神话——"革命至上论"。

他总结近代西方两股潮流,产生两种风格各异的政治传统:一是英美式的经验主义,"一寸一寸前进","螺旋上升"，沉着事功；一是以法国为代表的欧陆理想主义，动辄革命，狂飙突起。后者有浓厚的英雄崇拜，鄙视前者的"议会清谈""没有领袖""没有'主义'""庸人气息十足"。顾准的这一总结，与美国学者 E. 希尔斯一九八一年《论传统》一书的类似总结十分吻合。希尔斯几乎是穷一生之精力，占据大量原始文献方爬梳整理出来的两条脉络，顾准举重若轻，三言两语即已道破，而且提前了整整十年。

欧陆理想主义的上述偏见，成为近代意识形态话语好言革命的观念来源。革命，既是革命党人的精神动力，又是革命胜利后妨碍革命党向执政党转化的精神桎梏。顾准承认，"我赞美革命风暴"。这是因为革命对于理想主义者来说，永远具有审美魅力。早年的顾准这一代人也就是这样走过来的。然而，问题在于革命胜利以后，是"继续革命"，强化"革命神话"，还是转向以经验主义的态度安排政治机制和社会机制？

顾准以多有政争的美国开国一代元勋华盛顿、汉密尔顿、杰斐逊比照一九一七年的斯大林、布哈林，认为不如"干脆采用华盛顿的办法……，后来苏联发生的一切弊害大半倒反而是可以避免掉的"。

顾准此论，发前人所未言。他促使人们思考：革命党迟早要向执政党转变，理想主义的革命神话迟早要过渡为经验主义的现实安排，与世界共同体隔绝的一七九三年潮流迟早要回归世界共同体，从窗口扔出去的东西，迟早要到门口去迎接。所谓"娜拉出走"之真谛，即在于此。

顾准开的药方太苦，没有几个革命党能主动咽得下去。然而，顾准的过人胆识，也在于此。当一七九三年过来的这股潮流在中国这块土地愈演愈烈、风云得势之时，他敢于"从头思考"这股潮流，甚至预言历史回归的必然趋势：

人间世的基调是进化，革命则是进化受到壅塞时的溃决……一百多年的历史，证明两股潮流在交叉。一九一七年的革命无疑对资本主义形成一股强大的冲击力量。奇怪的是，冲击了西方资本主义的这股潮流，本身也在演变，而且正像毛主席所指出的那样，事情正在向它的反面转化过去。

顾准之预言，恰好言中一九八九年以来世界格局的变动。从一七八九年法国革命开始，到一九八九年以苏联与东欧各国剧变为标志的世界格局的重新整合，正好两百年。两百年沧海桑田，忧喜参半。然而，这样完整的历史单元，自基督纪元以来，确实史无前例。如此自然的历史单元，不是比任何人为加工的历史分期法更为实在，也更为经验地证明着什么吗？

四、"从理想主义到经验主义"

破除了上述意识形态神话，对"出走"的顾准而言，仅仅是扫清了外部问题。在此之后，顾准延伸他的政治史批判，进入更深层面的哲学史批判，以清理一七八九年潮流那一核心观念——"终极目的"的起源。

顾准发现：

> 一七八九、一九一七，这股力量之所以强有力，一方面因为它抓住了时代的问题，一方面是因为它设定的终极目的。而终极目的，则是基督教的传统：基督要复活，地上要建立千年的王国——建立一个没有异化的、没有矛盾的社会。我对这个问题琢磨了很久，我的结论是，地上不可能建立天国，天国是彻底的幻想！

这又是一段惊世骇俗之论。顺此方向，他首先疏浚西方观念史的源头，寻找希腊哲学中的神学准备成分。他认为这一成分多发生在柏拉图和亚里士多德的"哲学师生链"中：一是柏拉图的"理念世界"，贬"实在世界"为"有缺憾的世界"；一是亚里士多德的"第一因"和"目的论"，以唯理论的逻辑推导预设了"上帝"和"终极目的"的存在，人类知识之"真"，就在于对这一"终极目的"的至"善"之认识。

对于唯理论在基督教中世纪的千年走向，顾准给予了公正评价。但是，顾准所要寻找的，是唯理主义进入西方近代思想史，尤其是进入黑格尔体系的后果。法国一七九三年革命是近代人类要在地上实现天国的政治实践，这一实践的哲学化、观念化，却是德国唯理论在哲学上推波助澜，加以体系化、思辨化的结果。循此线索，才能解开一七九三年潮流在哲学发源地的秘密。

在一九七三年五月二十三日的一则笔记中，顾准留有一条小注，至关重要，读者可从中体味顾准当年的艰苦思考：

> 马、恩、列三人一致赞许过的狄慈根的《辩证法》，全篇大谈上帝，我读了，既感厌恶，又不理解。到后来，懂得一切理性主义者都把理性归结到上帝那里，或没有上帝的上帝那里，才懂得这并不奇怪。

从此点切入，顾准重读早年参加革命受之召唤的《资本论》《神圣家族》《反杜林论》《唯物主义与经验批判主义》等原著，读出了大量"新意"。

（一）马克思与黑格尔的哲学渊源。

顾准认为，"马克思指责黑格尔，一生中几乎只限于写《神圣家族》那个时期"，"而就其本性而言，马克思这个革命理想主义者则不能不是唯理主义者。果然，《神圣家族》才写完，马克思通过《经济学哲学手稿》《关于费尔巴哈的提纲》《德意志意识形态》的写作，从否定黑格尔又回到了黑格尔"。

回到黑格尔什么地方？"黑格尔主义有三种极重要的后果"，皆为马克思所接受，但"加上了革命的改造"：

第一，黑格尔的"真善一致论"，被马克思改造为"历史与逻辑的一致"。

第二，黑格尔在思辨中实现"真善一致"，马克思在实践中实现"历史与逻辑的一致"。"马克思所说'人应该在实践中证明自己思维的此岸性'，翻译成在'地上实现天国'，应该确未歪曲马克思的原意。"

第三，黑格尔在思辨中论证普鲁士王国体现了真善一致，符合一七九三年的理想，即给他的历史哲学画圆了一个句号。马克思则认为普鲁士王国并未体现真善一致，甚至迄今为止的人类史都是史前史，都不足以体现真善一致。只有结束这部史前史，人类才能开始普遍解放的"地上实现天国"的神圣史。

顾准追问"历史与逻辑的一致"——马克思所坦然承认的他一生哲学活动的精髓、列宁所再三强调的《资本论》的方法论、后世一切真诚的马克思主义者所尊称的最高阶段的辩证法，即历史辩证法："这个一致，到底是什么意思？"

顾准从马克思的第一篇哲学著作博士学位论文，一直追到他晚年的最后一篇哲学著作《资本论·跋》（第二版），在那里找到了头尾呼应的锁匙——

一、历史按照逻辑的必然性而发展；二、这里所说的逻辑不是"思维规律"，而是中国人所谓的"道"。"大道之行也"的道，是先验的东西。下面一段话，可以嗅出"道"的强烈气味：

250

研究必须充分地占有材料，分析它的各种发展形式，探寻这些形式的内在联系。只有这项工作完成以后，现实的运动才能适当地叙述出来。这一点一旦做到，材料的生命一旦观念地反映出来，呈现在我们面前的就好像是一个先验的结构了。(《资本论·跋》)

顾准对马克思哲学渊源的这一把握，是否准确？可以商榷，甚或争辩。但是，他确实别开生面，在人人习焉不察处读出了使人出汗的内容。上面这段马克思论述，中国思想界经常引用，视之为马列方法论之精义，只恨力不从心，趋之不及。但是，有谁从另外一条思路进入，读出值得深思或争辩的另一类内容呢？

（二）恩格斯哲学思想中的黑格尔烙印。

顾准首先肯定恩格斯对杜林先验主义的批评。但是，顾准很快发现，恩格斯"啃了杜林那个酸果"以后，自己也结出了先验论的酸果："质量互变、矛盾统一、否定之否定，这三个辩证法规律，是可以用经验来论证的吗？"

顾准提出哲学的疑问："根据我们对归纳法所作过的透视，凡是你从客观世界观察得来的规律，总不过是或然的规律，绝不是必然的规律。你哲学家有多大能耐，能超过这个或然性，说你已经发现出来绝对的普遍的规律了？"

顾准又提出科学的疑问："你怎样解释，现在物理学定义逐渐有全归于数量化的趋势——光波、声波、电波、熔点、氧化点、温度、压力、光谱分析、天体的光谱分析等等？物理学定义数量化≠质量互变规律。同样的质问可以适用于另外两个辩证法规律。"

顾准敏锐地发现，"这三个规律其实是黑格尔世界模式论的逻辑学的三个部分，存在论、本质论、理念论的精华"。这是一个需要广博的自然科学史与哲学史知识才能做出的大胆判断。然而，凡是对黑格尔逻辑学有一定了解的读者，仔细体会黑格尔三论与辩证法三论之间的对应关系，或许会有所省悟。

（三）列宁对哲学史的简化。

顾准剖析至列宁哲学，他自己对哲学史的重新梳理已逐渐成形。他列出了唯物论对唯心论、唯理主义对经验主义四种可能的组合：

唯理主义的唯物主义——辩证唯物主义；

唯理主义的唯心主义——客观唯心主义；

唯心主义的经验主义——"主观唯心主义"；

唯物主义的经验主义——"羞羞答答的唯物主义""不可知论者"。

上列右项，是"马克思主义文献中的评论和定名"（顾准语），上列左项则是顾准对这些意识形态化的哲学史内容所作的祛蔽还原，还其本来学理之原。顾准的立场，鲜明地站在最后一项组合，即唯物主义的经验主义一边。现在要问，当这一近代经验主义思潮出现时，列宁如何排斥这一思潮，以捍卫唯理主义的唯物主义，即辩证唯物主义？

　　顾准看出，自柏拉图以降，整个西方哲学笼罩在唯理主义的强大传统中。"唯有培根以后的英国，是经验主义占优势"，尚可与唯理主义相抗衡，或可解唯理主义之偏至。英国经验主义有两支：一支是培根为代表的唯物论经验主义，一支是贝克莱唯心论经验主义。前者是主流，后者是支流。问题就在这一支流旁出，"轰动了社会，轰动了历史"，反过来"为列宁大大所用，用来反对唯物主义的经验主义"。列宁抓住的是贝克莱"经验的主观化"，反对的是培根"经验的客观化"，声东击西，以偏概全，将英国经验主义统统斥为"羞羞答答的不可知论者"。列宁的这种理论策略，一时获得成功，也轰动了社会，轰动了历史。但对马克思主义哲学基础的缓解却极为不利，它拒绝了恩格斯去世以后伯恩斯坦等人授引近代经验主义，以缓解这一哲学基础中柏拉图—黑格尔神学目的论的一次重大机会。

　　列宁对哲学史的简化，经斯大林教条化以后，引起了更为严重的后果。教条所经之处，既扼制了自然科学循唯物论经验主义之路的健康发展，也扑灭了人文科学破政治神学论、破一七九三年潮流所形成的意识形态神话的一息生机。顾准巨眼识慧，扼腕长叹——

　　近代实验主义、多元主义，以及自然科学的迅速发展，繁荣昌盛，总的说来，是唯物主义的经验主义的后果。可是，中国的马克思主义者，被列宁所误，却一直把它看作是贝克莱主义的"一丘之貉"，悲乎！

顾准总结以上从柏拉图至列宁的哲学剖析，最后还有一个很中肯的心理分析：

唯理主义者，尤其是革命家们，是革命的理想主义者。他们唯有坚持"理想"是唯物的，有根据的，同时又是绝对正确的（或者谦虚一些，是组成绝对真理的某个重要成分），他们才心有所安。他们唯有坚持真就是善，才能理论与实践一致地勇往直前。这是一种道德哲学的原因，本来应该为之肃然起敬的。

顾准坦陈肺腑而言，"我自己也是这样相信过来的"。然而，然而顾准愤然作色——"今天当人们以烈士的名义，把革命的理想主义转变成保守的、反动的专制主义的时候，我坚决走上彻底经验主义、多元主义的立场，要为反对这种专制主义而奋斗到底！"

梁启超论述清末知识分子，"初读定盦文集，如受电然"。一百年过去，轮到本世纪末知识分子初读顾准手记，是否又该产生同样的感触？也许新一代人会认为，顾准所言不过是海耶克、伯林所言，西人早已点破。须知顾准当年，一灯如豆，在隧道中摸索，是以独立思考说出了海耶克、伯林之所言。双方生存环境、研究条件如天壤之别，岂可同日而语？以顾准之识见，不说能与外部第一流西方思想成果相会通，至少也与葛兰西、卢卡契当年从内部反思国际共运之历史挫折，站在了同一条起跑线上。顾准五十九岁病逝，正是思想家之盛年。天若假年，假之十年，焉知顾准不能成为中国的葛兰西、卢卡契？当这个民族最需要思想的时候，这个民族已经产生的思想巨子却在成形过程中被扼杀了。

顾准留下的，又何止这一点思想遗产？更重要的是他的精神遗产。中国历来有始皇焚书之传统，然而，也有李贽藏书之传统。小儒规规，视后者如畏途，闻之色变。唯有如顾准者，始终不认同官方价值，甚至不认同主流学术界之价值，方能续李贽作藏书之传统。他本来有一官宦前程，而且前程似锦。但是他"糟蹋"了这一前程，走上了一条料无善终的不归之路。他在黑暗中求索，给抽屉写作，给后人写作，而不是给自己的学术前程写作。这个给抽屉写作的人，甘愿忍受时代对他的遗弃，是要给这迷路的时代指点"出走"之迷津。他消解的是"理想主义意识形态化的毒素"，而不是理想主义之价值本身。因为他本人的写作方式、生存方式，就是再理想主义不过的写作方式、生存方式。现代社会能够理解此中悲情者，实在是不多了。

大道默默，小道切切。近代意识形态之天敌，本是那些现代人，乃至后现代人，如嬉皮士、雅皮士者。但是，他们只满足于阿多诺（Adorno）所言"对父辈露出屁股撒野"，他们只能承受昆德拉（Kundera）所言"生命中不能承受之轻"。他们面对压迫人心的问题，是背过身去，轻轻松松地取消问题，而不是直面问题，更遑论认认真真地清理问题。他们是潇洒，还是逃避；是彻底，还是漂浮？历史不堪追问，背过了身去。历史无奈，历史无情，它背过身去，最后竟会选择了这样一类人：让他们来消解理想主义的意识形态，同时，又勒取他们为此而付出的理想主义之牺牲！谁言历史有"要穴"，先知者当可攻入？历史是在这里"打劫"，专打理想主义之"劫"！

"不期泪洒江南雨，又为斯民哭健儿。"一九七四年的顾准事件，岂止是他个人的事件？当是思想史事件，现代中国思想史事件——哪怕只有一本笔记，一本隧道中的思想手记。

　　　　　　壬申年，写于七月流火。

（本文发表于香港中文大学《二十一世纪》
一九九二年第四期，总第十四期）

思想史上的失踪者

　　治思想史者，多半有翻案癖，希望在自己的笔下为某一个思想人物洗出一段清白，或是为某一类思想事件洗出一段光彩。我自进入思想史这一行当，始终有一个古怪的寻踪癖，想寻找一群还活着的人，二十年前他们有过一段思想踪迹，似可载入当代中国思想史。我曾希望这群人能站着进入思想史，或许能改变一下思想史上都是一些横躺着的先逝者的沉闷格局。有一段时间，我甚至感觉自己之所以进入思想史，而不是历史学的其他门类，就是为了寻踪他们而来。

　　一九六八年前后，在上海，我曾与一些重点中学的高中生有过交往。他们与现在电视、电影、小说中描述的红卫兵很不一样，至少不是打砸抢一类，而是较早发生对"文化大革命"的怀疑，由此怀疑又开始启动思考，发展为青年学生中一种半公开半地下的民间思潮。我把这群人称为"思想型红卫兵"，或者更中性一点，称为"六八年人"。

　　那时我才小学毕业，只能守在弄堂口等候两个在重点中学的大年龄伙伴黄昏回家，给我讲述当天在他们校园内发生的思潮辩论，或者是那些有思辨色彩无具体派性的大字报。大概就是在这段时间，发生了后来我那种对思辨生活的偏好。中学毕业后，选择插队落户地点，我拒绝与同年龄的同学同行，一个人选择了没有国家分配名额的河南省兰考县，原因之一，就是因为当时已经有九个上海重点中学的高中生自愿组成了一个集体户，在那里开辟了一个边劳动边读书的生活氛围。一九七二年进工厂，这群人和另外一个更富思想气息的集体户汇拢在一起，一锅端，被端到三百里外的另一个县城，于是在那里形成了一个奇特的精神小气候，用我后来的体悟，是出现了一个从都市移植到山沟的"精神飞地"，或可称"民间思想村落"：一群中学生在下班以后，过着一种既贫困而又奢侈的思辨生活，既与他们自己的社会身份极不相称，也与周围那种小县城氛围极不协调；他们以非知识分子的身份激烈辩论在正常年代通常是由知识分子讨论的那些问题，有时竟会争得面红耳赤，通宵达旦；被他们吵醒的工友邻舍，时常用奇怪的眼神打量着这群白天还在一起干活的钳工、管工、搬运工，怎么一到晚上竟会争论起史学、哲学、政治学，争论那样大而无当的问题？

　　今天想来，当时是以旺盛的体力、贫弱的学力沉浸于那些激情有余理智不足的争论，而且还属于业余性质、半地下状态，既觉得可笑，也留有一分怀念。我开始熟悉黑格尔、别林斯基的名字，不是在大学讲堂，竟是在那种时候，肯定有浅陋误读之处。然而，事后回忆虽然有点可笑，当时那种业余状态的精神生活，却有一个今日专业状态下难以产生的可贵素质——毫无功利目的。你不可能指望那样的讨论结果能换算为学术成果，更不可能指望在这样的思想炼狱中能获得什么教授、副教授职称。能不引起有关方面的注意，就算不错了。

从"民间思想村落"出来后，我始终摆脱不了当年那些业余状态下的精神记忆。这些记忆成为某种剩余意识，难以被学院生活完全吸收。学院生活对我而言，就好像进入一道四则运算，思想意识大多被整合归位，但是最后还剩下一些因素，通过最后一道除法，怎么也除不尽，成了一些除不尽的"余数"。这些小数点后的"余数"，时时作祟，既是烦恼，却也造成一些别样的情怀。我相信，当年那种业余状态的思想生活里有必须淘洗的东西，与此同时，也有一些宝贵的东西不必抛弃。知识与思想的传承是必须尊重的，轻易否定自己的前人，不管是什么样的前人，哪怕是半截子前人，都是愚蠢的，也是不道德的。我所经历的一九六八年人的"民间思想村落"，是特殊年代的特殊产物，转眼即逝，也不该美化。但是有一教育史的发展趋势却可注意，也不限于哪一年代哪一国度：在近代知识体制取代从前那种民间性私人传授方式以后，大学垄断了高级知识的传承渠道，一方面是有效，它能大规模传授知识，批量化复制知识；另一方面是有害，它在大规模复制知识的同时，也在大规模腐蚀、阉割知识的个性灵魂。特别是一年一度的职称评定，往往是大学体制集中释放它体制性毒素的时候。每年的这个时候，稍有性情者，无论是在哪所院校，都会感到是生活在"三闾大学"，"一地鸡毛"。每年的这种时候，我会更加怀念当年散播在乡野小城的那些"民间思想村落"。身陷大学环境，理应充分尊重知识传承，但是与此同时，如果没有另一份同样充分的对知识体制化毒素的警惕与抵制，一个人的精神世界恐怕很难均衡健康地发展。

然而，具有反讽意味的是，以后我在学术领域生活十年，自己也没有寻找到当年那些不计功名纯对思想发生兴趣的同道。他们不知道到哪里去了，似乎集体失踪，一下子成了思想史上的失踪者，再也找不到了。一九九一年，上海人民出版社邀集一批有过上山下乡经历的老三届写稿，出版《苦难与风流》一书。我把自己那篇回忆老三届的文章写成了一篇"寻人启事"——

我始终在寻找他们，该不会烟飞灰灭？我读《枫》，枫说他们已去；我读《伤痕》，伤痕里没有他们的印迹；我读《蹉跎岁月》，那里面只有漂浮的枝叶。我还是贴一张寻人启事吧，或许他们中会有人路过，能够辨认出自己昔日的足迹？

——你们大多毕业于重点中学，那时一所重点中学的熏染，胜过今天的研究生毕业。从此你们关心精神事件，胜过关心生活事件。即使在一九六八年发烧，别人手里是红小书、绿藤帽，你们手里是康德，是别林斯基。那一年你们卷入思潮辩论，辩论延续至农场，延续至集体户。你们是自愿离城，不是被迫离城，因此不会说这是"伤痕"，那是"蹉跎岁月"。后来你们被打散，后来你们又相遇，相逢何必曾相识？一开口，只需问对方精神阅读史，原来还是"六八年人"，还是在同一年度阅读同一类读物！头一年读《震撼世界的十天》，后两年读《落角》，在一九七五年以前，各自都读过《选择的必要》。次年春天好大雪，你们私下传阅《天安门诗抄》。一九七七年恢复高考，你们大多选择了文科院校——

后来呢，被专业吸干了？被功名掏空了？还是被某一档职称腌制在某一层书橱里？

早在获得知识分子身份以前，你们已经在思考通常是知识分子思考的问题。即使在获得这一身份之后，你们选择的课题也应与早年的问题相距不远。你们是问题中人，不是学术中人。这是你们的命运，注定你们不可能雷同上下两代人。前十年你们有问题，却苦无学理；后十年你们学会摆弄学理，却可能遗忘了问题，更遗忘了勇气。你们有了身份，不能失去自己。学院里的学理，不应该是用来换取学位的，那是同辈牺牲近百人才换来你一个人的思考机会与发言权利。

"寻人启事"寄托了我寻找思想史上的失踪者，寻找那些游弋于体制内外尚未除尽的"余数"，却苦寻不遇的心结。他们理应还活着，之所以隐匿不现，是不是也因为功名利禄的腐蚀才失踪了呢？"民间思想村落"移植进大学，获得知识分子身份与正规的研究条件，这是天大的幸运。但是，一旦获得知识分子身份，就直奔学术身份的前程，在接受知识传承的同时，精神灵魂被知识的体制化毒素吞噬，被高高低低的职称"腌制"在高高低低的书橱里——如果真是这样，灵魂被"除"尽，一点"余数"都未留下，我敢说，那就是一代人买椟还珠的悲剧。

没有一个人来揭下这份"寻人启事"。不过，我内心对"六八年人"的感谢与期待还是没有熄灭。我既对他们失望，又对他们怀有旧情，甚至有一种欠债感。如果说我进入学术生活以后，在近代思想史专业领域内还能做点工作，我首先要感谢的就是当年那些游荡在学院大墙外的孤魂野鬼。在我给大学生讲述书本上的思想史之前，是那些"六八年人"——业余思想家，他们以热血书写的思想而不是在纸面上罗列的讲义，给我上了一堂真正的思想史课程。从血管里出来的是血，从喷泉里出来的是水。从此，他们使我能从血肉中感觉得到什么是真正的思想史，什么是三流教授为换取职称而编制的印刷垃圾。

欠债感一直延伸到一九九三年我的博士论文出版。我打破那类出版物序言的写作惯例，写完向导师致谢的一节后，又另辟一节交代论文的最早"灵感"来源，是在进入学院生活以前那段业余性质半地下状态的思想经历——十几年前"六八年人"对我的那场思想启蒙：

从精神履历上说，我属于一九四九年出生的中国第三代人。这一代人的精神觉醒，大致可以一九六八年为界。那一年正是他们以各种纸张书写他们对社会政治问题的思考的年代，也是他们卷入思潮辩论的年代。……我清楚记得，当年上山下乡的背囊中，不少人带有一本马迪厄《法国革命史》的汉译本。从此无论他们走到哪里，都难摆脱这样一个精神特征：以非知识分子的身份，思考知识分子的问题。……尽管他们中间后来有人获得知识分子身份，但是一九六八年产生的那些问题始终左右着他们的思考，甚至决定着他们的思想命运。就我而言，一九六八年问题中最令人困惑的焦点，也就是延续至本书写作时还在思考的这样一个问题：为什么法国革命与中国的文化革命如此相近？

历史实在残酷。"六八年人"中的大多数后来是被牺牲了，或者说是被消耗了，只留下少数几个幸运者能够进入学术环境，以学理言路继续思考六八年问题。也许我就是这少数人中的一个。然而可能也因为这一点，我的思考显得格外拖累：既要延续六八年的思考，又要避免对法国革命的穿凿附会；既要尽可能客观清理从启蒙到革命这一段历史的思潮源流，又要为我下一步研究把重心移到中国留下足够的发展脉络；既要坚持法国大革命中高昂的价值理性，又要批判这一价值理性越位逾格所造成的负面灾祸。这三层拖累，尤其是最后一层拖累，对于一个像我这样的"六八年人"来说，可能需要付出更多的心理代价。在本书写作最困苦、最动感情，又最需要克制感情的日子里，我给友人写信说："我哪里是在批判卢梭？我是在我自己和同代人的心里剥离出一个卢梭。"

⋯⋯⋯⋯

可怜荒陇穷泉骨，曾有惊天动地文。历史无情，埋没多少先我而知者？天网有疏，间漏一二如我后知者。先知觉后知，是为启蒙；后知续先知，勉为继承。谨以我绵薄之作，敬献顾准先生在天之灵；同时，亦以此敬献我同时代人中的启蒙者、牺牲者，也算是一份迟到多年的报答。

我的论文答辩主持人在看到这一序言后，约我面谈了一次。那次谈话开始时，我还有点忐忑不安。不料老人开口竟说，我关于"六八年人"的记述打动了他，使他知道了当初在牛棚里尚无法知道的情况。听完老人的那一席话，我极感意外，同时亦自觉惭愧。我们自己敝帚不珍，就在上一代人好不容易开始理解我们当年的思想经历时，"六八年人"自己却正在走向消失。珍惜这一经历的当事人一个一个少下去，理解这一经历的老一辈学者却可能一个一个多起来。这不也是思想史，而且是以现在进行时态在当下发生着的活生生的思想史？

就在我几乎对自己这一代人失望的时候，发生了一个很有戏剧性的故事。一九九四年春节，上海邀请发起全国

264

灯谜大赛，电视台录像向全市转播。荧屏一闪，突然出现一个我打听了十二年也不知下落的朋友的面容。我赶紧去比赛地点找人，一问，却道是刚走一天。几天后，我把这场寻友不遇的感受，写在上海《文汇报》的"笔会"版上：

自从离开那个黄土弥漫的省份，最后还值得怀念的也就是他了。十多年前我们有过一次长谈，分手在灰暗的铁路铁轨边。他有过那样辉煌的思想经历，在当时的思想棋局中，可算得业余八段。他怎么会摆弄起灯谜，而且是中国唯一的职业谜手？曾经沧海难为水。他能放弃那种思想棋手的颠簸生涯吗？这也是一个谜，而且是更大的谜。

我自以为我所有的写作就是为了我的同代人，但是我的同代人大都离我而去。我只能放弃希望，放弃寻找。

少数真正的思想棋手，被紧紧踩在社会的最底层；另一些浮上来的学术明星，并无多少思想可言；这些年越炒越热的"知青热""老三届热"，未必能揭示当年另一批人的精神追求；而确实参加过"六八年思潮"的人，也参与了这种实际上是在篡改他们精神轨迹的庸俗合唱；一些成功的"六八年人"，在"一地鸡毛"的伴奏下，满脸油汗地高唱着自己"劫后辉煌"，却把当年真正可贵的"六八年精神"置之脑后。不管出于什么原因，是沉下去，还是浮上来，他们要么是失语，要么是失去记忆，都成了思想史上的失踪者。面对这幅图画，我只能背过脸去。

我曾想挣扎，最后为自己这一代辩护一次。但是，底气越来越弱，声音越来越轻，终于被内心另一种声音压了下去：

思想史上以一九六八命名的那一页精彩记录，逐渐受潮瘫软，发黄变质。时至今日，它已经像一张废弃的陈旧日历，飘进了城市这个硕大无比的废纸篓。

大多数人进入了灰色的小官吏、小职员状态，正在抱怨生活的不公，要求生活给予补偿。由于具备底层生活经验，洞悉明察社会结构及其组织细胞的各种缝隙，内心深处又解除了当年那种虚假道德束缚，"六八年人"将游刃有余地穿插于各种结构的间隙，从中渔利。新一代社会中坚也许就会这样形成。

新一代社会中坚是灰色的，这是因为"六八年人"的内心世界有过一场灰质化裂变。那场裂变不知道是哪一天发生，但是却可以看见那股世故而又狡猾的灰色一天天从里向外泛出来。当年的思辨能力很少转化为思想史上的精神资源，而是转化为在社会层面上夺取权力资源与生活资源的世俗经验。我们的内心已经结痂成茧，外伤变为内伤，很不透明，甚至难以射进阳光。如果说每一代人都有他们的历史大限，那么，我们这一代人的大限，就停留在这里。

"六八年人"的精神生命已经死亡。

赋予我们精神生命的那块思想文化土壤，是意识形态政治文化。给予最善意的估价，只有十七年积累，太贫乏，太浅薄。尽管我们当时读了一点德国哲学、俄罗斯文学，能起的作用毕竟有限。更何况德国哲学、俄罗斯文学与十七年政治文化在某一个方面是同属一脉，后者是前者的遥远后裔。因此，这一代人精神短命的内在原因，还在于当年我们吞咽的精神面包既有营养也有毒素，我们只坚持其营养一面，拒绝反刍其有害的一面。

对这一代精神生命的否定，有两种态度。一种是向下突破，返归世俗的沼泽地里打滚，这一代人中已有不少人这样做了。还有一种是向上突破，脱胎换骨，更换精神血型，走出另一种理想主义的价值取向。到目前为止，我只在一个人的作品里看到有后一希望，那就是张承志。他欲以笔为旗，只身面对当今虚无主义思潮的十面埋伏。这样的人不是太多，而是太少；同时亦担心他拒绝淘洗昔日的精神资源，恐难有效抗拒虚无主义？如果笔管里流动的是"六八年人"的旧式理想，那么下一代自然会问，这样以笔为旗，"红旗到底能打多久"？

我敬重他的孤胆英雄气，以目相送，看着他在荒芜英雄路上逐渐远去。

正在消逝的一九六八年思想群落，后来据我了解，当年在北京有过更为自觉的思考。在中国其他省会级城市，也有过零零散散的村落。与此相应，一九六八年的中国，还出现过一些半地下的文学群落，如以食指为代表，以北岛、芒克等人为主将的白洋淀村落。他们都是这一代精神